Tirage à 402 exemplaires numérotés :
350 ex. in-8°, papier de Hollande, dit ruche.
50 ex. grand in-8°, papier de Hollande, dit grand médian.
2 Id. sur chine.

N° 114

GASPARD DE LA NUIT

GASPARD
DE LA NUIT

FANTAISIES
A LA MANIÈRE
DE REMBRANDT ET DE CALLOT

PAR

LOUIS BERTRAND

nouvelle édition, augmentée de pièces en prose et en vers,
tirées des journaux et recueils littéraires du temps, et précédée
d'une introduction, par

M. CHARLES ASSELINEAU

M

PARIS

CHEZ RENÉ PINCEBOURDE, ÉDITEUR

A LA LIBRAIRIE RICHELIEU

65, RUE RICHELIEU, 65

SEUL DÉPOT POUR LA FRANCE

—

BRUXELLES

LIBRAIRIE EUROPÉENNE DE C. MUQUARDT

—

1868

INTRODUCTION

Une collection de Curiosités Romantiques devait être inaugurée par Louis Bertrand. Il représente en effet plus complétement, plus manifestement que nul autre, une des prétentions cardinales du programme de la révolution littéraire d'il y a quarante ans : innovation ou plutôt rénovation dans le style ; révision du matériel de l'art d'écrire et des moyens d'expression.

Il eut le don, — comme d'autres en ce temps-là eurent le don de la passion, de la véhémence et de la création poétique, — il eut le don de la délicatesse, de la finesse et de la justesse. Tandis que quelques-uns autour de lui, impatients et turbulents, violaient la langue et la brutalisaient, lui, il l'étudia sérieusement, patiemment et savamment, pesant les mots, remontant au sens propre de chacun, révisant les associations, les rapports, rajustant les images.

Le premier, il eut le sentiment de l'importance des mots et de leur valeur dans la phrase poétique. Et en cela il se rencontre avec le maître suprême des délicatesses, J. Joubert, qui dès l'aube du siècle, en 1805, en pleine logomachie et en pleine décadence de la poésie et des lettres, avait le courage de rappeler les poëtes à la précision et à la justesse (1).

Il ne faut pas craindre de le répéter, en face de derniers doutes et de dernières ironies : avant 1820, la littérature française se mourait de langueur dans les ambages de l'imitation routinière et radoteuse; vieilles tragédies, vieilles comédies, poésie didactique et épistolaire, vieux moules séculaires, et que Delille et son école avaient finalement mis hors d'usage. Mais la langue aussi se mourait : les vieux tropes et les vieilles images, usés pendant plus d'un siècle, bossués et cognés à tous les coins, déformés par l'abus de l'analogie, ne rendaient plus aucun son à l'oreille et ne s'adaptaient plus au sentiment ni aux idées. Là aussi, tout était à refaire. Il fallait retrouver le rapport direct de la pensée et de l'expression, de la sensation et du vocable, et redonner enfin au verbe toute sa puissance

---

(1) *Lettre à M. Molé*, du 10 mars 1805 : — « ... Je suis parvenu à déterminer et fixer à mes yeux les caractères de la poésie et de la versification, de manière à pouvoir, au premier mot, distinguer Lucain de Virgile, et à savoir pourquoi les vers de Voltaire, d'Esménard et de quelques autres ne sont pas de bons vers, de véritables vers. Il me semble que je sais très-bien maintenant ce que c'est que la poésie, le poëte et la versification : — *architecture de mots*. » Et une autre fois : — « Fontanes dit que Lebrun est un *poète de mots*. Ce n'est pas si peu de chose! » (Édition de 1862, t. I, p. 444 ; t. II, p. 295.)

de figure, de son et de relief. Bertrand le comprit; et c'est là sa gloire. Et c'est parce qu'il a eu ce sentiment si juste et si net du danger présent, et cette intuition si lucide de l'avenir, que son livre a duré et ne périra pas.

Peu importe que ce livre, publié dix ans trop tard, alors que les questions étaient vidées et résolues avec éclat, n'ait point trouvé d'acheteurs, et que sa mise en vente ait été, comme le dit son éditeur, « un des plus beaux désastres de la librairie contemporaine. » Ce livre est aujourd'hui recherché et payé quatre fois la valeur du prix marqué, par des gens qui n'ont pas eu l'esprit de le ramasser à l'étalage des bouquinistes et des librairies au rabais, où il est resté pendant des années. Il est devenu « rare et précieux, » selon le style des catalogues, et cette rareté pouvait être aux yeux de quelques-uns un charme de plus ajouté à l'exquisité aristocratique de l'œuvre et à l'obscurité légendaire de son auteur.

La charmante notice de Sainte-Beuve (1) a révélé Louis Bertrand à la génération qui l'a suivi. Il y avait dans ce portrait d'un poëte mort jeune (et mort à l'hôpital!) dans cette histoire d'une vie vouée tout entière à l'art, et aussi dans les fragments cités, spécimens d'un génie original et précieux, de puissants attraits pour de jeunes esprits nés au lendemain de la grande

(1) Réimprimée au tome II des *Portraits littéraires*.

secousse littéraire, et qui arrivaient au monde avec une grande hâte d'en connaître les auteurs et d'en adopter les conséquences. Bertrand fut une des grandes curiosités de notre jeunesse. Il a été, vers 1845, un des saints du calendrier poétique, et de ceux dont la niche n'était pas la moins fêtée. Charles Baudelaire s'est souvenu de lui, en tête de ses *Poëmes en prose.* Mais cet hommage rendu à un talent admiré pour ses qualités de précision et de relief, n'engageait en rien la vocation de l'admirateur. L'auteur des *Fleurs du Mal,* plus humain et plus véhément, devait bien vite forcer la mesure des strophes ténues de *Gaspard de la Nuit.*

M. Sainte-Beuve a justement honoré Louis Bertrand, en marquant sa place au rang des plus vaillants champions de la réforme poétique dans les provinces. Il le représente comme « un de ces Jacques Tahureau, de ces Jacques de la Taille, comme en eut aussi la moderne école, mis hors de combat, en quelque sorte, dès le premier feu de la mêlée. » Dans cette notice, écrite en 1842, et où se retrouvent encore en écho lointain les images et le style en usage au fort de la bataille, Louis Bertrand est qualifié tantôt d'imagier, d'orfèvre, d'émailleur. « Son rôle eût été... de reproduire avec un art achevé, et même superstitieux, de jolis et grotesques sujets du moyen-âge finissant; de nous rendre quelques-uns de ces joyaux, j'imagine, tels que les Suisses en trouvèrent à Morat dans le butin de Charles-le-Téméraire. » C'est bien cela : ce qui importe aujourd'hui et à distance, c'est le faire, c'est la volonté, ou la fantaisie de l'ouvrier, et plus encore le génie qui le guidait dans le choix des éléments et dans leur mise en œuvre. J'y vois toujours l'horreur des vieilles conventions, du rebattu, du *médiocre*, comme le dit justement l'illustre biographe, l'horreur du portique tragique de M. de Jouy et du salon de M. Étienne. Ce que d'autres, plus impétueux et plus larges d'ailes, allaient chercher au loin, dans des pays désappris, à Madrid, à Florence et dans les burgs des bords du Rhin, plus loin même encore, au-delà de l'Euphrate et du Caucase, Bertrand le cherchait, non pas à ses pieds, mais à la hauteur de ses yeux, sur les places et dans les rues de son Dijon bien-aimé. Des aspects nouveaux le séduisaient, et sa *sensibilité*, je parle au sens des chimistes, lui faisait trouver moyen de rendre visible aux autres ce qui était lucide pour lui-même. « Son rôle, avons-nous dit ailleurs, a été, après les Remi Belleau, les La Fontaine, après La Bruyère et Paul-Louis Courier, de démontrer la puissance du mot et de ses combinaisons, et de faire voir tout ce que cette langue française que, sur la foi du xviiie siècle, on s'obstine à considérer comme la langue abstraite du raisonnement et de la discussion philosophique, peut acquérir, entre des mains habiles, de relief, de couleur, de nombre et de sonorité. Il semble qu'il ait vanné tous les vocables de la langue pour ne garder que les mots pittoresques, sonores et chromatiques. Sa phrase courte est néanmoins très-pleine, parce qu'il en exclut rigoureusement tout terme sourd, terne ou abstrait. Il y combine tous les moyens d'expression, le son et la figure, l'orthographe et l'onomatopée. Et c'est ainsi que dans ses brièves peintures il arrive à des intensités prodigieuses, auxquelles d'autres n'atteindraient que par de longs développements, des répétitions, des surcharges, etc. » Lisez, ou plutôt voyez *Madame de Montbazon, le Maçon, l'Écolier de Leyde, le Falot, la Poterne du Louvre,* et convainquez-vous que la puissance de l'image inoubliable est due à ce procédé de savant et de vocabuliste : l'exclusion des mots parasites. C'est ce talent de linguiste et de peintre qui assure la durée de l'œuvre de Louis Bertrand ; c'est par là qu'il a mérité la place que Sainte-Beuve lui a donnée dans sa galerie, et qu'il restera l'un des classiques du Romantisme.

Peu de documents biographiques sont venus s'ajouter à ceux que M. Sainte-Beuve a donnés dans sa notice sur Louis Bertrand. Une lettre de David d'Angers, publiée en 1857 dans la *Revue du Maine et de l'Anjou,* nous a fait connaître, dans un style peut-être un peu mélodramatique, les derniers moments de l'auteur de *Gaspard de la Nuit.* Un en-tête de l'éditeur, M. Victor Pavie, nous a raconté les péripéties du livre, lectures, projets d'édition, etc. On y apprend que le manuscrit de *Gaspard*, racheté par David, fut retrouvé sous une couche « de romans, de poëmes et de drames accumulés. » Que sont-ils devenus ? Assurément il ne peut entrer dans notre pensée de récriminer contre le zèle trop éloquemment prouvé du grand artiste qui s'était épris pour Louis Bertrand d'une amitié dévouée ; et pourtant devant cette déclaration un regret peut nous être permis.

La vieille capitale bourguignonne a oublié son enfant, son chantre et son peintre. Du moins, dans un récent passage à Dijon, nos questions à son sujet n'ont-elles trouvé que des échos étonnés. Son livre même, imprimé à Angers par un ami, ne se trouve point à la bibliothèque de la ville. Nous avons voulu chercher dans les journaux signalés par M. Sainte-Beuve et auxquels Bertrand prit une part active, *le Provincial* et *le Patriote de la Côte-d'Or*, quelque souvenir de sa collaboration. Ici nous avons été plus heureux. Les deux journaux nous ont fourni une gerbe d'articles variés, prose et vers, critique, polémique, etc., que l'on retrouvera plus loin et qui, nous l'espérons, donneront à cette édition un intérêt particulier.

Le Provincial, fondé à Dijon le 1er mai 1828, et qui ne dura que six mois (1), était un journal de polémique purement littéraire. On était loin encore des

---

(1) Il paraissait deux fois par semaine, et eut cinquante-quatre numéros du 1er mai au 30 septembre.

journées de Juillet, et les passions qui se jetèrent plus tard dans la politique s'agitaient alors exclusivement dans la sphère des lettres. C'était alors le beau temps, l'âge d'or, et comme l'âge pastoral du mouvement romantique, l'ère des enthousiasmes et des espérances. Les succès poétiques, les apothéoses au théâtre, les agapes des cénacles avaient leur écho jusque dans les provinces. M. Sainte-Beuve qui a dépeint quelque part ces ivresses des premières années, indique fort bien la voie où prétendait marcher *le Provincial*, en disant qu'il essaya de remplir à Dijon le rôle honorable que tenait *le Globe* à Paris. Les fondateurs étaient le poëte Charles Brugnot, MM. Foisset, Riambourg, Maillard de Chambure, toute la fine fleur littéraire dijonnaise. Dès les premiers numéros, les adhésions illustres lui arrivent : de Chateaubriand (1),

---

(1) Une lettre de Chateaubriand est toujours bonne à citer. Celle-ci a particulièrement cet intérêt, de marquer le point de vue où l'on se plaçait alors dans la discussion littéraire, et quel rapport existait entre les doctrines politiques et les idées d'émancipation dans les lettres :

« Paris, 11 août 1828.

« Vous me faites beaucoup trop d'honneur, monsieur, en attachant à mon suffrage une importance qu'il ne peut avoir ; mais puisque vous voulez bien me demander ce que je pense de votre journal, je vous dirai, monsieur, qu'il me semble établir et défendre les doctrines les plus utiles aux hommes. *Le Provincial* croit qu'on peut être libre et chrétien, royaliste et constitutionnel ; il ne dédaigne point le passé, ne calomnie pas le présent, et met son espérance dans l'avenir ; il appartient par ses rédacteurs à cette jeunesse grave, qui se divise en plusieurs classes, lesquelles peuvent différer de sentiment, mais qui toutes ont pour guide la conscience et cherchent sincèrement la raison et la vérité. Un pareil journal, monsieur, écrit avec indépendance, fermeté, talent et mesure, ne peut être qu'infiniment utile. Il serait à désirer que les

Oh ! qu'il est doux de s'éveiller, au milieu de la nuit, quand la lune, qui se glisse mystérieusement jusqu'à votre couche, vous éveille avec un mélancolique baiser !

Minuit, 1er janvier 1827.

Bertrand n'a pas seulement corrigé les termes de ce morceau, il en a changé le ton. Le besoin de précision lui a fait tourner en ironie le vague du premier dessin.

Celle qui suit pourrait être de même un premier crayon de la seconde pièce du sixième livre, *Jean des Tilles* :

LES LAVANDIÈRES

A Émile Deschamps.

Le soleil est arrivé au sommet de la voûte céleste ; les lavandières, penchées au bord de l'Armançon, ont cru voir tout à coup une auréole dorée se jouer autour de leurs blonds cheveux et couronner leurs têtes dans les eaux.

Et les jeunes filles qui étendent sur les herbes verdoyantes ou suspendent aux sureaux les blanches toiles, ont cru voir dans les prairies des rayons aériens voltiger comme des papillons de fleur en fleur.

« C'est, disent les lavandières et les jeunes filles, c'est l'ondin de l'Armançon, qui se plaît à nous dérober nos anneaux, lorsque nos bras nus sont caressés par les ondes, qui danse et chante la nuit sur l'écume de la cascade, et qui, malicieux et vain, cueille et jette les fruits mûrs au courant des eaux. »

En ce moment, un pivert a passé sous les saules balancés par le vent ; ses ailes bleues ont rasé le limpide miroir de l'Armançon, et puis il s'est plongé dans la grotte murmurante et sombre où fleurissent et dorment ensemble les nénuphars jaunes sur les eaux.

Les cloches du hameau tintaient jusque dans la montagne. C'était l'heure de la salutation angélique : les lavandières et les jeunes filles s'agenouillèrent et chantèrent *Alleluia* au bord des eaux.

Les rayons s'éteignirent soudain sur les prairies et dans l'Armançon ; l'oiseau bleu se tint caché jusqu'après le coucher du soleil ; et les lavandières et les jeunes filles, quand se leva la brise nocturne, entendirent avec effroi sous les saules comme la voix plaintive d'un enfant qui se noyait.

14 avril 1828.

Quant à la troisième, c'est le croquis manifeste de la pièce intitulée : *L'air magique de Jehan de Vitteaux*, qui se trouve à la fin du volume parmi les *Pièces détachées* :

LA GOURDE ET LE FLAGEOLET

A l'auteur de la Ballade des deux Archers

Deux voyageurs se rencontrèrent le soir dans un étroit sentier. L'un, coiffé d'une toque de velours noir que surmontait une plume de coq, portait appendus à sa ceinture, d'un côté, une gourde ronde, de l'autre, un léger flageolet : on devinait aisément que c'était un clerc du gai savoir. L'autre, la grille de son casque fermée, serrait dans sa forte main droite la garde d'une longue épée dont le fourreau lui battait les talons : c'était Roland, ou don Quixote, ou tout autre chevalier célèbre par ses hauts faits d'armes.

Du plus loin qu'il aperçut le musicien : — « Prête-moi ta gourde, vassal, lui cria-t-il ; mon gosier est altéré :

je viens de mettre à fin une périlleuse aventure. » L'autre lui répondit : — « Voici ma gourde, sire chevalier ; mais n'y bois qu'un petit coup, car le vin se vend cher cette année. »

Le chevalier errant vida d'un seul coup la gourde de deux pintes ; puis, la rendant au musicien, il lui dit avec un aigre sourire : — « Ton vin est mauvais. » Celui-ci ne répondit rien ; mais, prenant son flageolet, il commença l'air magique de Robert de Carcassonne qui fit danser les os des morts, au clair de lune, dans le cimetière de Montauban.

L'air était vif et animé. Voilà que le chevalier, ivre à demi, se mit à danser sur la pelouse, comme un ours mal dressé. Il étend les bras, il balance sa tête sur ses épaules, frappe la terre du talon, et appuie fièrement sa longue épée contre son épaule, comme un hallebardier qui va à la guerre.

— « Grâce, merci ! seigneur nécroman, » cria-t-il bientôt, perdant l'équilibre. Et il dansait toujours. — « Sire chevalier, répondit enfin le musicien, donnez-moi un écu au soleil pour le vin que vous avez bu ; alors nous cesserons, moi de jouer, et vous de danser. — Tiens, dit le chevalier, tirant un écu de son escarcelle, mais au diable si je bois jamais à la gourde d'un vilain ! »

22 février 1828.

Bertrand cherchait sa manière dans ces esquisses légères, qu'il reprenait plus tard, soulignant, accentuant, corrigeant, inversant, pour arriver par plus de fermeté à des effets plus nets et plus visibles. Il nous a paru curieux, pour les lecteurs qu'intéressent le côté intime de l'art et la marche d'un esprit, de rapprocher ces *premiers états* de l'état définitif. Malheureusement, les pièces de *Gaspard de la Nuit* ne portent point de date. Dans le numéro du *Provincial* où elles parurent ensemble, ces trois pièces sont accompagnées de la note suivante, qui témoigne dès ce temps-là d'un projet, ou, si l'on veut, d'un rêve de livre :

« Ces trois pièces font partie d'un recueil de compositions du même genre, que l'auteur se propose de publier très prochainement sous le titre de : *Bambochades romantiques*. » (12 septembre 1828.)

On pourrait peut-être, en regardant de plus près, retrouver encore sous des initiales et dans le feuilleton non signé du journal quelques bribes de la collaboration de Louis Bertrand. Nous négligeons, comme peu digne de lui, une petite pièce de vers, *Dialogue avec le portier d'une Académie*. On pourrait encore soupçonner sa manière dans un court article sur les représentations de mademoiselle Georges, qui était venue jouer à Dijon *Mérope* et *Sémiramis*. C'est de la critique de poëte, et de poëte de 1828, un peu métaphysique et vague, et renforcée de citations de Shakespeare. L'article est signé B. — Brugnot ou Bertrand (1) ?

(1) Nous ne quitterons pas *le Provincial* sans dire un mot de la rédaction de ce recueil, qui méritait, certes, l'approbation que nous lui avons vu donner par Chateaubriand et que contresignait Victor Hugo. Les curieux qui parviendront à mettre la main sur ce recueil à peu près introuvable aujourd'hui, y liront avec plaisir d'excellentes études de Charles Brugnot sur le *Tableau de la poésie française au XVIe siècle*, de Sainte-Beuve, sur l'édition des *OEuvres complètes* de Chateaubriand, etc.; des articles de critique générale

Le Provincial, ainsi que nous l'avons dit, cessa de paraître à la fin de septembre 1828. C'est à la fin de cette année, ou au commencement de l'année suivante, que les deux seuls biographes de Louis Bertrand, MM. Sainte-Beuve et Victor Pavie, signalent son passage à Paris. M. Pavie mentionne une soirée chez Nodier, à l'Arsenal, où Bertrand, présenté par Louis Boulanger, son compatriote, lut une « *manière* de ballade (1) » d'un goût pittoresque, dont le refrain, prononcé d'un voix grêle et chevrotante, stupéfia les assistants. Cette pièce de poésie, dont le narrateur ne cite que deux vers, ne s'est pas retrouvée. M. Sainte-Beuve a donné en quelques traits de plume un portrait de ce Bertrand de l'arrivée : — « Nous vîmes alors un grand et maigre jeune homme, de vingt-et-un ans, au teint jaune et brun, aux petits yeux noirs *très-vifs*, à la physionomie narquoise et fine sans doute, un peu chafouine peut-être, au long rire silencieux. Il semblait timide, ou plutôt sauvage. Nous le connaissions à l'avance, et nous crûmes d'abord l'avoir apprivoisé... » M. Sainte-Beuve, en effet, il faut le dire, pour l'honneur des lettres plutôt encore que pour sa gloire, qui peut s'en passer, paraît avoir

---

de M. T. Foisset, qui étonnent à distance par leur audace. La couleur était la plus avancée du temps : le Romantisme monarchique et libéral ; toute une discussion sérieuse et éclairée.

(1) *Manière* est bien le mot : le rythme de la ballade, tel que nous l'ont rendu Théodore de Banville, Le Vavasseur, Prarond et quelques autres curieux des vieux rythmes français, n'était pas encore restauré alors.

été pour Louis Bertrand le plus accueillant des amis et le plus encourageant des protecteurs. C'est lui qui, au rapport de M. Pavie, le soir de sa présentation à l'Arsenal, l'alla reprendre dans le coin obscur où il s'était tapi après sa lecture; c'était lui qui parvenait le plus facilement à délier la langue de ce poëte un peu dur à la confidence; c'est chez M. Sainte-Beuve, enfin, que dans ses perpétuels chassé-croisés de Dijon à Paris, Bertrand allait le plus volontiers toucher barre, et d'après le même témoignage, qu'il déposait ses manuscrits.

Dans ce récit de la soirée chez Nodier, M. Pavie ajoute quelques traits qui terminent, pour le buste et le costume, la figure peinte par Sainte-Beuve : — « Ses allures gauches, sa mise incorrecte et naïve, son défaut d'équilibre et d'aplomb, trahissaient l'échappé de province. On devinait le poëte au feu mal contenu de ses regards errants et timides... Quant à l'expression de sa physionomie, un dilettantisme exalté s'y combinait avec une taciturnité un peu sauvage. » Œil vif, taciturnité, finesse, timidité engendrée par l'habitude d'une vie solitaire, et peut-être redoublée par la conscience de sa pauvre mine, nous avons l'homme tout entier. « Rêveur, capricieux, dit encore M. Sainte-Beuve, fugitif, ou plutôt fugace... même en ses accès de courte intimité, nous le perdions souvent de vue; il disparaissait, il s'évanouissait pour nous, pour tous, pour ses amis de Dijon, auxquels il ne pouvait plus se décider à écrire. »

C'est à ce moment d'inquiétude, dans cette fièvre de courses et de projets où il allait de la poésie au drame et au roman historique, que la politique le surprit. Dès les premiers mois du règne de Louis-Philippe, un journal d'opposition constitutionnelle très-avancé s'était fondé à Dijon, *le Patriote de la Côte-d'Or* (1). Bertrand, fils d'un ancien soldat de la République et de l'Empire, y accourut avec l'enthousiasme d'un poëte et l'élan d'un jeune homme de vingt-trois ans, dont l'ardeur était depuis longtemps comprimée. Une lettre qu'il inséra dans le *Patriote*, en août 1832, donnera l'idée de l'impétuosité de son patriotisme et de son style de polémiste. Elle contient d'ailleurs quelques renseignements biographiques qui, donnés par lui-même, seront lus avec intérêt. Il faut seulement se rendre compte, pour bien apprécier le but et le ton virulent de cette apologie, des circonstances où elle fut écrite. M. de Cormenin, le coryphée de l'opposition en ce temps-là, s'étant rendu à Dijon, le parti lui prépara une de ces ovations qui contrastaient alors si violemment avec les charivaris infligés aux députés ministériels. Louis Bertrand, de

---

(1) *Le Patriote* parut pour la première fois à Dijon le 15 février 1831, ayant pour épigraphe la phrase célèbre : *Un trône populaire entouré d'institutions républicaines*, qu'il supprima le 19 mars 1831. Il eut pour fondateurs MM. Herpeux, Louis Bazin, Maugain et Thiénot-Séguin. Le dernier numéro est du 12 septembre 1835. — La collection forme cinq volumes in-folio.

concert avec un de ses jeunes amis, étudiant en droit, à ce qu'il paraît, s'était chargé de présenter au célèbre pamphlétaire l'hommage des sympathies de la jeunesse libérale. Le journal *le Spectateur*, qui le prit un peu haut avec Louis Bertrand, dans le compte-rendu de cette courtoisie, paraissait à Dijon depuis le 15 avril 1830. Une très-intéressante notice sur les écrits périodiques publiés à Dijon (1) lui donne pour fondateur Charles Brugnot, l'ami et l'ancien collaborateur de Louis Bertrand au *Provincial*, et qui peut-être avait amené avec lui au *Spectateur* une partie de l'ancienne rédaction de ce journal. Le coup put donc paraître d'autant plus vif à l'admirateur de M. de Cormenin, qu'il partait d'un cœur autrefois ami. Ainsi s'expliquerait pour nous l'extraordinaire véhémence de cette lettre, où Louis Bertrand proteste si singulièrement de sa modération :

Spectateur de la Côte-d'Or, 7 août 1832.

M. Ludovic (*sic*) Bertrand nous communique, trop tard pour la publier à la rubrique Dijon, la lettre suivante, qu'il adresse au rédacteur du *Spectateur* :

Dijon, 6 août.

« Monsieur,

» L'accueil fait à M. de Cormenin dans notre ville a été

---

(1) *Études bibliographiques sur les périodiques de Dijon, depuis leur origine jusqu'au 31 décembre 1860*, par P.-M. Milsand, bibliothécaire de la ville. Dijon, Decailly, 1861; in-8° de 6 ff. (Paris, Aubry.)

pour les cafards de la peur un calice d'amertume et pour le journal doctrinaire le texte d'une guizotine contre l'honorable député, contre la foule *niaise* de ses admirateurs et contre les patriotes dijonnais. Jamais *le Spectateur* n'a été plus gentil que depuis quelques jours. Avec quelle souplesse, avec quelle agilité, le singe du juste-milieu cabriole sous le bâton ministériel. Il saute ! Il a bien sauté ! il aura quelque chose, ne fût-ce qu'un petit sou. Et d'abord *le Spectateur* plaint l'illustre citoyen d'avoir été complimenté par deux *jeunes gens,* qu'il qualifie, l'un d'avocat en herbe, l'autre (c'est moi) de *commis* au *Patriote.* Par deux jeunes gens ! Comme si la parole était monopolisée par les perruques ! comme si la parole n'était pas libre comme la presse ! Depuis quand est-il interdit à la jeunesse d'invoquer les noms sacrés de Patrie et de Liberté, comme à tous ? N'est-ce pas sur elle, sur cette jeunesse sage et valeureuse, que reposent l'avenir, la gloire, le salut de la France ? N'est-ce pas elle qui est toute la *nationalité ?* Oui, et c'est votre désespoir : vous êtes le tronc caduc et pourri d'une société qui tombe en poussière ; tandis que la jeunesse est l'ombrage immense de sa régénération, sous lequel un jour, qui n'est pas loin sans doute, s'asseoira la liberté, pour se reposer de ses fatigues et de sa victoire.

« Je préfère vos dédains à vos suffrages. Vos suffrages, d'ailleurs, seraient bien humbles, après ceux dont m'honorent Victor Hugo, Sainte-Beuve, Ferdinand Denis, etc., dont l'amitié encourage mes talents littéraires. Il faut bien, puisque vous m'y forcez, citer en regard de vos injures les éloges que ne dédaigne pas de me prodiguer le génie lui-même. M. Victor Hugo m'écrit : « ... Je lis vos vers en cercle d'amis, comme je lis André Chénier, Lamartine ou Alfred de Vigny : il est impossible de posséder à un plus haut point les secrets de la facture. Notre Émile Deschamps s'avouerait égalé. Envoyez-moi souvent de la province de ces vers comme on en fait si peu à Paris. »

Voilà le *commis* du *Patriote*, celui qui a eu l'audace de saluer publiquement M. de Cormenin. Il est vrai que je n'ai pas l'honneur de descendre de quelque noble porte-coton d'un prince de Condé (1), de quelque crasseux procureur au Parlement, et que je n'ai pas la capacité élective ni municipale. Mon père, capitaine de gendarmerie retraité, mort en 1827, n'était qu'un patriote de 1789, qu'un officier de fortune, qui, à dix-huit ans, courait sur le Rhin pour y verser son sang, et qui à cinquante ans en comptait trente de service, neuf campagnes et six blessures. Il est vrai encore qu'il ne m'a légué que son épée (que vous n'oseriez regarder) et l'honneur. Je ne craignais pas pourtant, lorsque j'ai serré la main à l'honorable député, au nom de *la jeunesse dijonnaise*, d'être désavoué par personne. Je ne suis donc qu'un prolétaire, et c'est à un homme du peuple de haranguer l'homme du peuple; je n'entends pas autrement la popularité.

« Encore un mot : il y a calomnie et lâcheté de votre part lorsque vous m'avez reproché de signer *le Provincial*, calomnie, parce que vous n'ignorez pas que si j'ai prêté quelques jours mon nom à ce journal, c'était affaire de complaisance, et pendant l'absence et la maladie du véritable gérant, feu Charles Brugnot. Double calomnie, parce que vous n'ignorez pas non plus qu'il serait impossible d'extraire des trente ou quarante opuscules de ma façon qui ont été insérés dans *le Provincial*, œuvres purement littéraires et philosophiques, et qui sont tous signés, une seule ligne qui eût rapport à la politique; calomnie pour la troisième fois, parce que vous avez toujours été convaincus de mes sentiments patriotiques et de mes sympathies populaires.

« Lâcheté, enfin, lâcheté insigne, parce que vous savez mieux que personne qu'à cette époque, à peine âgé de

(1) Ceci pourrait être une personnalité à l'adresse de l'un des adversaires de Bertrand. On sait que les princes de Condé avaient à Dijon un château dont le jardin subsiste encore : c'est le *Parc*, promenade de la ville.

dix-neuf ans, récemment sorti du collége, j'étais le seul appui de ma mère et de ma sœur.

« Je vous ai répondu en dédaignant la ressource des personnalités qui flétrissent votre plume. Elles m'eussent pourtant été faciles ; mais j'ai le cœur trop haut placé et je suis trop jaloux de l'estime publique pour me servir d'une arme de spadassin.

« Ludovic BERTRAND. »

Les personnes qui eurent dix ans en 1830, et qui déjà un an ou deux ans plus tard parcouraient les journaux, retrouveront à la lecture de cette étrange lettre un souvenir d'une certaine presse alors florissante à Paris et dont le style était un mélange d'outrance romantique et de rudesse républicaine. On touche ici à Petrus Borel et à Godefroy Cavaignac et à toute cette école dite des *Bouzingots* qui sombra sous les lois de septembre. C'était affaire de littérature plutôt que de vraie conviction politique. Mais ce qui peut mieux encore donner le caractère de la polémique de Louis Bertrand, c'est l'article suivant, publié dans le onzième numéro du *Patriote*, le 9 mars 1831. On était alors sous le ministère de Casimir Périer, qui n'avait encore pris ni Anvers, ni Ancône. C'est toujours de la politique romantique, de la politique à images, mais où la générosité et la sincérité juvéniles corrigent l'emphase et l'outrecuidance rhétoricienne :

LA GUERRE

Dijon, 9 mars 1831.

« Guerre ! que ce cri tombe du haut des trônes ou s'élève du sein des peuples, il retentira prochainement en Europe, de la Vistule au Tage. Entendez-vous ces fourmilières d'esclaves qu'écrasa le pied de Napoléon ? Les despotes, dans le secret de leurs palais, amassent des millions de soldats contre nous, et s'appellent au secours l'un de l'autre contre les envahissements de la civilisation et de la liberté. La Russie se hâte d'étrangler, comme un czar caduc, la jeune et héroïque Pologne ; la Prusse et l'Autriche, vassales de la Russie, lui prêtent les mains ; elles s'embrassent toutes trois sur un cadavre. Elles s'embrasseraient avec la même ivresse de joie si elles avaient attaché la France à la bouche de leurs canons. Les cosaques de l'une sont à cheval ; les landwehrs des autres sont réunies sous la tente. Que dis-je ? Ne sont-ce pas les Russes qui canonnent Varsovie ? Ne sont-ce pas les Prussiens qui s'impatientent dans Luxembourg ? Ne sont-ce pas les Autrichiens qui se préparent à intervenir, la baïonnette au fusil, chez nos frères de Modène ? Nos ennemis ne sont pas tous sur le Rhin : ils sont en Italie, en Espagne, en Portugal, partout où l'on bafoue le nom français, partout où l'on verse le sang des patriotes, partout où il y a six pieds de terre pour y ensevelir des tyrans. Une seule puissance demeure calme et indifférente, l'Angleterre, qui aime probablement à se persuader qu'il s'agit sur le continent d'une question de principes, et non d'une question de conquêtes ; comme si ces deux questions n'en formaient pas une seule indivisible dans la politique de l'étranger.

« La France cependant est sous les armes : nous sommes un peuple qui a placé la liberté sur un autel. Pourquoi donc, lorsque nous implorons la guerre, le gouvernement l'attend-il ? La peur s'assoierait-elle au conseil avec nos ministres ? ou bien leur œil inquiet aurait-il deviné dans quelque sous-lieutenant de l'armée un dictateur proclamé par des séditieux, un Napoléon revenant d'Égypte ? Notre orgueil national n'a-t-il pas subi assez de protocoles et de congrès ? Ne sonnerons-nous de la trompette que lorsque les coursiers de l'Ukraine henniront aux portes de Strasbourg, que lorsque les barbares seront arrivés haletants ? Il est temps de jeter le dé sur un tambour ; et dussions-nous périr tous, l'honneur de la France et la liberté ne périront pas.

« Mais nous avons pour vaincre une avant-garde dans chaque nation, des conspirateurs qui s'organisent à l'ombre de l'Escurial, qui aiguisent leurs poignards sur les marches de Saint-Pierre, qui se donnent rendez-vous au Grand-Théâtre de Milan, qui se mêlent en espions aux saturnales de Lisbonne, qui calculent leurs coups sur les bancs des universités allemandes. Combien de cités dorment en apparence, et dont les paisibles bourgeois s'immortaliseront sur des barricades ! Les pavés de Paris ont tué tous les absolutistes d'Europe. Les légitimistes ont un tombeau, et n'ont pas de Coblentz.

« Et chez nous, interrogez le peuple sous le chaume, aux ateliers, dans la rue ; interrogez l'armée ; interrogez nos soldats-citoyens. Partout l'enthousiasme ne le cède qu'au courage. Nous sommes d'ailleurs persuadés que la guerre est la solution des difficultés du moment. Oui, la guerre, pour avoir la paix. Le commerce, qui est cosmopolite, languit en France : rouvrez-lui les canaux par où son or courait à travers le monde, et le commerce renaîtra. Les carlistes de nos provinces s'appuient sur les cabinets étrangers. Périssent les cabinets ! Et les peuples, si les carlistes s'appuient sur eux, seront une mer qui les engloutira. C'est à la guerre que nous devons notre prospérité et notre repos. Guerre donc à la Sainte-Alliance ! afin que nous n'ayons plus qu'à combattre de notre plume pour les institutions républicaines.

« L. B. »

Cet article est le seul, pour la partie politique, qu'authentiquent les initiales de Louis Bertrand. Sa signature, toujours ainsi abrégée, ne se retrouve plus qu'au bas d'articles littéraires ou d'articles variétés : sur les funérailles de Charles Brugnot, 1er juillet 1832, sur le parjure de Barthélemy, 6 octobre. *Les Bésicles de mon oncle* (1er mars 1832), est le titre d'un article bibliographique, dramatisé à la façon des conversations du Curé et du Barbier dans *Don Quixote*, et relatif à la publication d'un *Voyage en Bourgogne*, édité par Jobard, à Dijon, avec lithographies : — « Mon oncle essuya ses lunettes. Mais ce n'était pas un manuscrit encadré de moisissures, d'une écriture tout enchevêtrée d'encre rouge et bleue; une médaille où la rouille antique rongeait une couronne d'empereur; un tableau de l'école hollandaise enfumé à n'y pas voir le diable; hélas! non, ce n'était pas cela : c'était un cahier de charmantes lithographies..., etc. » — En ce temps de poésie régnante, tout ce que nous faisons aujourd'hui positivement, sèchement, voulait de l'ornement et de la grâce.

Le seul butin un peu sérieux, dans la partie littéraire, est une petite scène du genre des *Fantaisies de Gaspard de la Nuit*, et qui cette fois n'a pas d'analogue dans le volume de 1842 :

LES CHASSEURS SUISSES (1)

« Au diable la besace ! s'écria le vieillard.

— Le diable a bien souci de votre besace qui ne renferme que du plomb, de la poudre et du tabac, murmura le jeune homme.

— Le diable est bon enfant, répliqua maître Schwartz.

— Il n'accepterait la besace qu'en attendant le besacier. Vous êtes sans doute un homme de poids, maître Schwartz; mais le diable préférerait, je pense, le maire de Saint-Loup et le juge Pfeiffer.

— Que Dieu leur donne paix en l'autre monde, après la guerre qu'il nous font en celui-ci, soupira le vieux chasseur. Quatre francs d'amende pour le meurtre d'un chamois, l'adresse est noblement récompensée !

— Ne pleurez pas, maître, il n'y aura pas d'amende aujourd'hui. Je ne vois pas même un oiseau à qui envoyer un grain de plomb. Que ne suis-je encore cousant mes souliers près de mon feu de tourbe, au lieu de flairer sur ces montagnes les trente-deux vents.

— Modère-toi, mon garçon, et d'apprenti cordonnier tu deviendras maître bottier à Lausanne ou à Genève. J'ai été, moi, pendant sept ans, rempailleur de chaises; et que de tribulations pendant sept ans ! Mais, à l'exemple de Job, j'ai offert ma patience au Seigneur, et me voilà sacristain de l'église de Saint-Loup.

— Eh bien ! je vous le demande, monsieur le sacristain, si vous ne savez manier que la hallebarde, comment voulez-vous abattre un chamois ? »

Maître Schwartz tousse pour ne point répondre, et, le corps penché en avant, il gravit le sentier qui se dessine à peine devant ses pas; le jeune homme, moitié murmurant, moitié riant, le suit, son fusil sous le bras, et les mains dans des gants de peau d'ours.

(1) Première année, n° 127.

Cependant la neige tombe épaisse et glacée ; les eaux du lac bourdonnent ; et Genève apparaît au loin, avec ses clochers, comme une nuée de corbeaux pesants qui volent à travers les brouillards.

Tout à coup maître Schwartz s'arrête et arme sa carabine. Il a aperçu un troupeau de daims qui sommeillent sans méfiance, accroupis, le ventre dans la neige.

— « Un moment, lui crie son compagnon ; l'avalanche a bougé. »

Il est trop tard. La détonation frappe d'épouvante le troupeau de daims ; tous s'élancent et fuient. Le plus grand, dont le cou est percé d'une balle, hésite, trébuche ; et l'avalanche, qui se précipite en roulant, l'emporte avec elle dans le lac.

— « Quel malheur ! dit le vieillard.

— Au contraire ; nous avons bien du bonheur, dit le jeune homme, en descendant dans le sentier. »

L. B.

Ces extraits colligés avec piété ajouteront-ils en quelque manière à la gloire de Louis Bertrand ? Qu'on en pense ce qu'on voudra : il nous a paru intéressant, après vingt ans écoulés, de rajeunir cette œuvre désormais consacrée, par un retour vers ses commencements et par un regard jeté plus avant dans l'intimité de la vie de l'auteur et de son esprit.

Toute réputation littéraire comporte nécessairement trois phases.

La première, phase de publication timide et prudente : on élague, on choisit ; on veut se montrer avec ses seules forces, afin de faire coup plus sûrement, et de commander, au moins de risque possible, l'attention et l'estime.

La seconde, phase de curiosité, est une postulation du public admirateur. On veut tout voir, tout avoir, le fort et le faible, l'envers et l'endroit ; on veut posséder tout entière cette physionomie dont l'air et la parade vous ont séduit.

Dans la troisième, phase définitive et critique, se refait le travail de la première, mais en connaissance de cause, en profitant à titre de documents de tout ce que la seconde a produit.

Notre édition des *Fantaisies de Gaspard de la Nuit* marque pour Louis Bertrand et son œuvre la seconde phase. Nous serions trop heureux d'avoir préparé la troisième.

Nous ne croyons pas nécessaire de revenir ici sur les détails de la triste fin de Louis Bertrand. Louis Bertrand est mort à l'hôpital ; ce qui n'a rien de honteux pour un poëte. Il a trouvé à ses derniers moments des amitiés illustres et des amitiés dévouées. David d'Angers l'a enseveli ; M. Victor Pavie, un fin esprit, un cœur généreux, a été son héritier ; M. Sainte-Beuve a été son exécuteur testamentaire. Quoi qu'on dise ou qu'on écrive désormais de Louis Bertrand, ces trois noms doivent être invoqués.

Sans la générosité de M. Victor Pavie qui a sauvé l'œuvre, sans le zèle de M. Sainte-Beuve, qui l'a consacrée, la littérature française du xixe siècle compterait un beau livre de moins.

Sauver un beau livre, c'est une belle œuvre, une œuvre vraiment patriotique et méritoire.

Et c'est par cet hommage de reconnaissance et d'admiration que je voulais finir.

CHARLES ASSELINEAU

GASPARD DE LA NUIT

> Ami, te souviens-tu qu'en route pour Cologne,
> Un dimanche, à Dijon, au cœur de la Bourgogne,
> Nous allions admirant clochers, portails et tours,
> Et les vieilles maisons dans les arrière-cours?
>
> SAINTE-BEUVE. — *Les Consolations*

GASPARD DE LA NUIT

Gothique donjon
Et flèche gothique (1),
Dans un ciel d'optique,
Là-bas, c'est Dijon.
Ses joyeuses treilles
N'ont point leurs pareilles;
Ses clochers jadis
Se comptaient par dix.
Là, plus d'une pinte
Est sculptée ou peinte;
Là, plus d'un portail
S'ouvre en éventail.
Dijon, *moulte te tarde* (2) !
Et mon luth camard
Chante ta moutarde
Et ton Jacquemart !

J'aime Dijon comme l'enfant sa nourrice dont il a sucé le lait, comme le poëte la jouvencelle qui a initié son cœur. — Enfance et poésie ! Que l'une est éphémère, et que l'autre est trompeuse ! L'enfance est un papillon qui

(1) Le donjon du palais des ducs et la flèche de la cathédrale, que les voyageurs aperçoivent de plusieurs lieues dans la plaine.
(2) *Moult me tarde !* ancienne devise de la commune de Dijon.

se hâte de brûler ses blanches ailes aux flammes de la jeunesse, et la poésie est semblable à l'amandier : ses fleurs sont parfumées et ses fruits sont amers.

J'étais un jour assis à l'écart dans le jardin de l'Arquebuse, — ainsi nommé de l'arme qui autrefois y signala si souvent l'adresse des chevaliers du Papeguay. Immobile sur un banc, on eût pu me comparer à la statue du bastion Bazire. Ce chef-d'œuvre du figuriste Sévallée et du peintre Guillot représentait un abbé assis et lisant. Rien ne manquait à son costume. De loin, on le prenait pour un personnage ; de près, on voyait que c'était un plâtre.

La toux d'un promeneur dissipa l'essaim de mes rêves. C'était un pauvre diable dont l'extérieur n'annonçait que misères et souffrances. J'avais déjà remarqué, dans le même jardin, sa redingote râpée qui se boutonnait jusqu'au menton, son feutre déformé que jamais brosse n'avait brossé, ses cheveux longs comme un saule, et peignés comme des broussailles, ses mains décharnées, pareilles à des ossuaires, sa physionomie narquoise, chafouine et maladive qu'effilait une barbe nazaréenne ; et mes conjectures l'avaient charitablement rangé parmi ces artistes au petit pied, joueurs de violon et peintres de portraits, qu'une faim irrassasiable et une soif inextinguible condamnent à courir le monde sur la trace du Juif-errant.

Nous étions maintenant deux sur le banc. Mon voisin feuilletait un livre des pages duquel s'échappa à son insu une fleur desséchée. Je la recueillis pour la lui rendre. L'inconnu, me saluant, la porta à ses lèvres flétries, et la replaça dans le livre mystérieux.

« Cette fleur, me hasardai-je à lui dire, est sans doute le symbole de quelque doux amour enseveli? Hélas! nous avons tous dans le passé un jour de bonheur qui nous désenchante l'avenir.

— Vous êtes poëte? me répondit-il en souriant. »

Le fil de la conversation s'était noué : maintenant sur quelle bobine allait-il s'envider?

— « Poëte, si c'est être poëte que d'avoir cherché l'art!

— Vous avez cherché l'art! Et l'avez-vous trouvé?

— Plût au ciel que l'art ne fût pas une chimère!

— Une chimère!... Et moi aussi je l'ai cherché! » s'écria-t-il avec l'enthousiasme du génie et l'emphase du triomphe.

Je le priai de m'apprendre à quel lunetier il devait sa découverte, l'art ayant été pour moi ce qu'est une aiguille dans une meule de foin.....

— « J'avais résolu, dit-il, de chercher l'art comme au moyen-âge les roses-croix cherchèrent la pierre philosophale; l'art, cette pierre philosophale du dix-neuvième siècle!

Une question exerça d'abord ma scolastique. Je me demandai : Qu'est-ce que l'art? — L'art est la science du poëte. — Définition aussi limpide qu'un diamant de la plus belle eau.

Mais quels sont les éléments de l'art? Seconde question à laquelle j'hésitai pendant plusieurs mois à répondre. — Un soir qu'à la fumée d'une lampe je fossoyais le poudreux charnier d'un bouquiniste, j'y déterrai un petit livre en langue baroque et inintelligible, dont le titre s'armoriait d'un amphistère déroulant sur une banderolle ces deux mots : *Gott — Liebe*. Quelques sous payèrent ce trésor. J'escaladai ma mansarde, et là, comme j'épelais curieusement le livre énigmatique, devant la fenêtre baignée d'un clair de lune, soudain il me sembla que le doigt de Dieu effleurait le clavier de l'orgue universel. Ainsi les phalènes bourdonnantes se dégagent du sein des fleurs qui pâment leurs lèvres aux baisers de la nuit. J'enjambai la fenêtre, et je regardai en bas. O surprise ! rêvais-je ? Une terrasse que je n'avais pas soupçonnée, aux suaves émanations de ses orangers, une jeune fille vêtue de blanc, qui jouait de la harpe, un vieillard vêtu de noir qui priait à genoux ! — Le livre me tomba de la main.

Je descendis chez les locataires de la terrasse. Le vieillard était un ministre de la religion réformée qui avait échangé la froide patrie de sa Thuringe contre le tiède exil de notre Bourgogne. La musicienne était son unique enfant, blonde et frêle beauté de dix-sept ans qu'effeuillait un mal de langueur, et le livre par moi réclamé était un eucologe allemand à l'usage des églises du rit luthérien et aux armes d'un prince de la maison d'Anhalt-Coëthen.

Ah ! monsieur, ne remuons pas une cendre encore inassoupie ! Elisabeth n'est plus qu'une Béatrix à la robe azurée. Elle est morte, monsieur, morte ! et voici l'eucologe où elle épanchait sa timide prière, la rose où elle a exhalé son âme innocente. — Fleur desséchée en bouton comme elle ! — Livre fermé comme le livre de sa destinée ! — Reliques bénies qu'elle ne méconnaîtra pas dans l'éternité, aux larmes dont elles seront trempées, quand la trompette de l'archange ayant rompu la pierre de mon tombeau, je m'élancerai par-delà tous les mondes jusqu'à la vierge adorée, pour m'asseoir enfin près d'elle sous les regards de Dieu !.....

— Et l'art, lui demandai-je ?

— Ce qui dans l'art est *sentiment* était ma douloureuse conquête. J'avais aimé, j'avais prié. *Gott — Liebe*, Dieu et Amour ! — Mais ce qui dans l'art est *idée* leurrait encore ma curiosité. Je crus que je trouverais le complément de l'art dans la nature. J'étudiai donc la nature.

Je sortais le matin de ma demeure, et je n'y rentrais que le soir. Tantôt, accoudé sur le parapet d'un bastion en ruines, j'aimais, pendant de longues heures, à respirer le parfum sauvage et pénétrant du violier qui mouchète de ses bouquets d'or la robe de lierre de la féodale et caduque cité de Louis XI (1) ; à voir s'accidenter le paysage tranquille d'un coup de vent, d'un rayon de soleil ou d'une ondée de pluie ; le bec-figue et les oisillons des haies se jouer dans la pépinière éparpillée d'ombres et de clartés ; les grives accourues de la montagne vendanger la vigne assez haute et touffue pour cacher le cerf de la fable ; les corbeaux s'abattre de tous les points du ciel, en bandes fatiguées, sur la carcasse d'un cheval abandonné par le pialey (2) dans quelque bas-fond verdoyant ; à écouter les lavandières qui faisaient retentir leur *rouillot* joyeux au bord du Suzon (3), et l'enfant qui chantait une mélodie

(1) Ce château, imposé à Dijon par la tyrannique défiance de Louis XI, lorsque, après la mort de Charles-le-Téméraire, il s'empara du duché au détriment de l'héritière légitime, Marie de Bourgogne, a plus d'une fois tiré contre la ville, qui, il est vrai, lui a bien rendu ses gracieusetés. Aujourd'hui, ses tours chenues servent de retraite à une compagnie de gendarmes.

(2) L'écorcheur de chevaux morts.

(3) Torrent qui parcourait autrefois Dijon à ciel découvert. Ses eaux sont

plaintive en tournant sous la muraille la roue du cordier.
— Tantôt je frayais à mes rêveries un sentier de mousse et de rosée, de silence et de quiétude, loin de la ville. Que de fois j'ai ravi leurs quenouilles de fruits rouges et acides aux halliers mal hantés de la fontaine de Jouvence et de l'ermitage de Notre-Dame-d'Etang, la fontaine des Esprits et des Fées, l'ermitage du Diable (1)! Que de fois j'ai ramassé le buccin pétrifié et le corail fossile sur les hauteurs pierreuses de Saint-Joseph, ravinées par l'orage! Que de fois j'ai pêché l'écrevisse dans les gués échevelés des Tilles (2), parmi les cressons qui abritent la salamandre glacée, et parmi les nénuphars dont bâillent les fleurs indolentes! Que de fois j'ai épié la couleuvre sur les plages embourbées de Saulons, qui n'entendent que le cri monotone de la foulque et le gémissement funèbre du grèbe! Que de fois j'ai étoilé d'une bougie les grottes souterraines d'Asnières, où la stalactite distille avec lenteur l'éternelle goutte d'eau du clepsydre des siècles! Que de fois j'ai hurlé de la corne, sur les rocs perpendiculaires de Chèvre-Morte, la diligence gravissant péniblement le chemin à trois cents pieds au-dessous de mon trône de brouillards! Et les nuits même, les nuits d'été, balsamiques et diaphanes, que de fois j'ai gigué comme un lycan-

reçues aujourd'hui au pied des remparts dans des canaux voûtés. — Les truites du *Val-de-Suzon* ont de la renommée en Bourgogne.

(1) La chapelle aujourd'hui fermée de Notre-Dame-d'Etang était habitée en 1630 par un chapelain et par un ermite. Ce dernier ayant assassiné son confrère, un arrêt du parlement de Dijon le condamna à être roué vif en place de Morimont.

(2) Nom générique de plusieurs petites rivières qui arrosent le pays de la plaine, entre Dijon et la Saône.

thrope autour d'un feu allumé dans le val herbu et désert, jusqu'à ce que les premiers coups de cognée du bûcheron ébranlassent les chênes! Ah! monsieur, combien la solitude a d'attraits pour le poëte! J'aurais été heureux de vivre dans les bois et de ne faire pas plus de bruit que l'oiseau qui se désaltère à la source, que l'abeille qui picore à l'aubépine, et que le gland dont la chute crève la feuillée!.....

— Et l'art? lui demandai-je.

— Patience! l'art était encore dans les limbes. J'avais étudié le spectacle de la nature, j'étudiai les monuments des hommes.

Dijon n'a pas toujours parfilé ses heures oisives aux concerts de ses philharmoniques enfants. Il a endossé le haubert — coiffé le morion — brandi la pertuisane — dégaîné l'épée — amorcé l'arquebuse — braqué le canon sur ses remparts — couru les champs tambour battant et enseignes déchirées, et, comme le ménestrel gris de la barbe, qui emboucha la trompette avant de râcler du rebec, il aurait de merveilleuses histoires à vous raconter, ou plutôt, ses bastions croulants, qui encaissent dans une terre mêlée de débris les racines feuilleuses de ses maronniers d'Inde, et son château démantelé dont le pont tremble sous le pas éreinté de la jument du gendarme regagnant la caserne, — tout atteste deux Dijons : un Dijon d'aujourd'hui, un Dijon d'autrefois.

J'eus bientôt déblayé le Dijon des quatorzième et quinzième siècles, autour duquel courait un branle de dix-huit tours, de huit portes et de quatre poternes ou *portelles*, — le Dijon de Philippe-le-Hardi, de Jean-sans-

Peur, de Philippe-le-Bon et de Charles-le-Téméraire, avec ses maisons de torchis à pignons pointus comme le bonnet d'un fou, à façades barrées de croix de Saint-André ; — avec ses hôtels embastillés, à étroites barbacanes, à doubles guichets, à préaux pavés de hallebardes ; — avec ses églises, sa sainte chapelle, ses abbayes, ses monastères, qui faisaient des processions de clochers, de flèches, d'aiguilles, déployant pour bannières leurs vitraux d'or et d'azur, promenant leurs reliques miraculeuses, s'agenouillant aux cryptes sombres de leurs martyrs, ou au reposoir fleuri de leurs jardins ; — avec son torrent de Suzon, dont le cours, chargé de poncels de bois et de moulins à farine, séparait le territoire de l'abbé de Saint-Bénigne du territoire de l'abbé de Saint-Etienne, comme un huissier au parlement jetait sa verge et son holà entre deux plaideurs bouffis de colère (1) ; — et enfin avec ses faubourgs populeux, dont l'un, celui de Saint-Nicolas, étalait ses douze rues au soleil, ni plus ni moins qu'une grasse truie en gésine ses douze mamelles. — J'avais galvanisé un cadavre, et ce cadavre s'était levé.

Dijon se lève ; il se lève, il marche, il court ! trente dindelles carillonnent dans un ciel bleu d'outre-mer comme en peignait le vieil Albert Durer. La foule se presse aux

(1) Les deux abbayes de Saint-Etienne et de Saint-Bénigne, dont les contestations fatiguèrent si souvent la patience du parlement, étaient si anciennes, si puissantes et jouissaient de tant de priviléges accordés par les ducs et les papes, qu'il n'y avait à Dijon aucun établissement religieux qui ne relevât de l'une ou de l'autre. Les sept églises de la ville étaient leurs filles, et chacune des deux abbayes avait en outre son église particulière. — L'abbaye de Saint-Etienne battait monnaie.

hôtelleries de la rue Bouchepot, aux étuves de la porte aux Chanoines, au mail de la rue Saint-Guillaume, au change de la rue Notre-Dame, aux fabriques d'armes de la rue des Forges, à la fontaine de la place des Cordeliers, au four banal de la rue de Bèze, aux halles de la place Champeaux, au gibet de la place Morimont; bourgeois, nobles, vilains, soudrilles, prêtres, moines, clercs, marchands, varlets, juifs, lombards, pélerins, ménestrels, officiers du parlement et de la chambre des comptes, officiers des gabelles, officiers de la monnaie, officiers de la gruerie, officiers de la maison du duc, qui clament, qui sifflent, qui chantent, qui geignent, qui prient, qui maugréent, — dans des basternes, dans des litières, à cheval, sur des mules, sur la haquenée de saint François.
— Et comment douter de cette résurrection? Voici flotter aux voies l'étendard de soie, moitié vert, moitié jaune, broché des armoiries de la ville, qui sont de gueules au pampre d'or feuillé de sinople (1).

Mais quelle est cette cavalcade? C'est le duc qui va s'ébattre à la chasse. Déjà la duchesse l'a précédé au château de Rouvres. Le magnifique équipage et le nombreux cortége! Monseigneur le duc éperonne un gris-pommelé qui frissonne à l'air vif et piquant du matin. Derrière lui caracolent et se pavanent les *Riches* de Châlons, les

(1) Telles auraient été, suivant Pierre Paillot, les anciennes armoiries de la commune de Dijon; mais l'abbé Boulemier (*Mém. de l'Acad. de Dijon*, 1774) a prétendu qu'elles n'étaient que de gueules plein. Ces deux savants ne feraient-ils pas confusion de temps, et les armoiries de Dijon n'auraient-elles pas été de *gueules plein* avant de porter *au pampre d'or feuillé de sinople*? C'est ce que je n'ai pas le loisir d'examiner ici.

Nobles de Vienne, les *Preux* de Vergy, les *Fiers* de Neuchâtel, les *bons Barons* de Beaufremont. — Et ces deux personnages qui chevauchent à la queue de la file ? Le plus jeune, que distinguent son juste-au-corps de velours sang-de-bœuf et sa marotte grelottante, s'égosille de rire; le plus vieux, accoutré d'une cape de drap noir sous laquelle il retrait un volumineux psautier, baisse la tête d'un air confus : l'un est le roi des Ribauds, l'autre le chapelain du duc (1). Le fou propose au sage des questions que celui-ci ne peut résoudre ; et tandis que le populaire crie Noël ! — que les palefrois hennissent, que les limiers aboient, que les cors fanfarent, eux, la bride sur le cou de leurs montures à l'amble, devisent familièrement de la sage dame Judith et du preudhomme Machabée.

Cependant un héraut sonne de la buccine sur la tour du logis du duc. Il signale dans la plaine les chasseurs lançant leurs faucons. Le temps est pluvieux ; une brume grisâtre lui dérobe au loin l'abbaye de Cîteaux, qui baigne ses bois dans les marécages ; mais un rayon de soleil lui montre plus rapprochés et plus distincts le château de Talant, dont les terrasses et les plates-formes se crenèlent dans la nue, — les manoirs du sire de Ventoux et du seigneur de Fontaine, dont les girouettes percent des massifs de verdure, — le monastère de Saint-Maur, dont les colombiers s'aiguisent au milieu d'une volée de pigeons, — la léproserie de Saint-Apollinaire, qui n'a qu'une porte et n'a point de fenêtres, — la chapelle de Saint-Jacques de

---

(1) Philippe-le-Hardi avait son *roi des Ribauds*. Il lui donna 200 liv. en 1396. (*Courtépée*.)

Trimolois, qu'on dirait un pèlerin cousu de coquilles ; — et sous les murs de Dijon, au-delà des meix de l'abbaye de Saint-Bénigne, le cloître de la Chartreuse, blanc comme le froc des disciples de saint Bruno.

La Chartreuse de Dijon! le Saint-Denis des ducs de Bourgogne (1)! Ah! pourquoi faut-il que les enfants soient jaloux des chefs-d'œuvre de leurs pères! — Allez maintenant où fut la Chartreuse, vos pas y heurteront sous l'herbe des pierres qui ont été des clefs de voûte, des tabernacles d'autels, des chevets de tombeaux, des dalles d'oratoire, des pierres où l'encens a fumé, où la cire a brûlé, où l'orgue a murmuré, où les ducs vivants ont fléchi le genou, où les ducs morts ont posé le front. — O néant de la grandeur et de la gloire! on plante des calebasses dans la cendre de Philippe-le-Bon! — Plus

---

(1) Je ne compare la Chartreuse de Dijon à l'abbaye de Saint-Denis que sous le rapport de la magnificence et de la richesse de ses sépultures. Trois ducs seulement ont été inhumés à la Chartreuse, Philippe-le-Hardi, Jean-sans-Peur et Philippe-le-Bon; et je n'ignore pas que l'église de Cîteaux avait communément reçu, depuis Eudes Ier, les dépouilles des ducs de la première et de la seconde race royale. — C'est Philippe-le-Hardi qui fonda la Chartreuse en 1385. Tout n'y était que lambris de bois d'Irlande, que chasubles et tapis de drap d'or, que courtines d'étoffes de Chypre et de Damas, que bénitiers et chandeliers d'argent, que lampes de vermeil, que chapelles portatives à personnages d'ivoire, que peintures et sculptures exécutées par les premiers artistes du temps. La vaisselle pour le service de l'autel pesait 55 marcs. — Le marteau de la Révolution, en jetant à bas la Chartreuse, avait dispersé dans les cabinets de quelques curieux les débris des tombeaux de Philippe-le-Hardi, de Jean-sans-Peur et de Marguerite de Bavière, femme de ce dernier. (Charles-le-Téméraire n'avait point fait élever de monument à son père Philippe-le-Bon.) Ces chefs-d'œuvre de l'art au XVe siècle ont été restaurés et placés dans une des salles du musée de Dijon.

rien de la Chartreuse! Je me trompe. — Le portail de l'église et la tourelle du clocher sont debout ; la tourelle élancée et légère, une touffe de giroflée sur l'oreille, ressemble à un jouvenceau qui mène en laisse un lévrier. Le portail martelé serait encore un joyau à pendre au cou d'une cathédrale. Il y a outre cela, dans le préau du cloître, un piédestal gigantesque dont la croix est absente et autour duquel sont nichées six statues de prophètes, admirables de désolation. — Et que pleurent-ils ? Ils pleurent la croix que les anges ont reportée dans le ciel.

Le sort de la Chartreuse a été celui de la plupart des monuments qui embellissaient Dijon à l'époque de la réunion du duché au domaine royal. Cette ville n'est plus que l'ombre d'elle-même. Louis XI l'avait découronnée de sa puissance, la Révolution l'a décapitée de ses clochers. Il ne lui reste plus que trois églises, de sept églises, d'une sainte chapelle (1), de deux abbayes et d'une douzaine de monastères. Trois de ses portes sont bouchées ; ses poternes ont été démolies, ses faubourgs ont été rasés, son torrent de Suzon s'est précipité aux égouts, sa population

---

(1) Elle n'a pas plus échappé que la Chartreuse et tant d'autres chefs-d'œuvre à la fureur des réactions. On n'en a pas laissé pierre sur pierre. Cette sainte chapelle, élevée par le duc Hugues III au retour de la croisade, vers 1171, était riche de mille objets d'art et de piété. Que sont devenus, par exemple, ses vitraux et ses statues historiques; cette boiserie du chœur où étaient appendues les armoiries des trente-et-un premiers chevaliers de la Toison-d'Or, institués par Philippe-le-Bon ; le beau vaisseI où l'on conservait une hostie miraculeuse et sur lequel brillait, aux jours de fête, la couronne d'or que le roi Louis XII, relevant d'une dangereuse maladie, en 1505, avait envoyée au chapitre par deux hérauts ?— Le temps a fait un pas, et la terre a été renouvelée, dit quelque part M. de Chateaubriand.

a secoué ses feuilles, et sa noblesse est tombée en quenouille. — Hélas! on voit bien que le duc Charles et sa chevalerie, partis, — il y aura bientôt quatre siècles (1) — pour la bataille, n'en sont pas revenus.

Et moi, j'errais parmi ces ruines comme l'antiquaire qui cherche des médailles romaines dans les sillons d'un *castrum,* après une grosse pluie d'orage. Dijon expiré conserve encore quelque chose de ce qu'il fut, semblable à ces riches Gaulois qu'on ensevelissait une pièce d'or dans la bouche et une autre dans la main droite.

— Et l'art? lui demandai-je.

— J'étais un jour occupé, devant l'église Notre-Dame, à considérer Jacquemart, sa femme et son enfant, qui martelaient midi. — L'exactitude, la pesanteur, le flegme de Jacquemart seraient le certificat de son origine flamande, quand même on ignorerait qu'il dispensait les heures aux bons bourgeois de Courtray, lors du sac de cette ville en 1383. Gargantua escamota les cloches de Paris, Philippe-le-Hardi l'horloge de Courtray : chaque prince à sa taille. — Un éclat de rire se fit entendre làhaut, et j'aperçus, dans un angle du gothique édifice, une de ces figures monstrueuses que les sculpteurs du moyenâge ont attachées par les épaules aux gouttières des cathédrales ; une atroce figure de damné qui, en proie aux souffrances, tirait la langue, grinçait des dents et se tordait les mains. — C'était elle qui avait ri.

— Vous aviez un fétu dans l'œil! m'écriai-je.

---

(1) Charles-le-Téméraire, dernier duc de Bourgogne, fut tué à la bataille de Nancy, le dimanche 5 janvier 1476.

— Ni fétu dans l'œil, ni coton dans l'oreille. — La figure de pierre avait ri, — ri d'un rire grimaçant, effroyable, infernal — mais sarcastique, incisif, pittoresque. »

J'eus honte à part moi d'avoir eu si longtemps affaire à un monomane. Cependant j'encourageai d'un sourire le rose-croix de l'art à poursuivre sa drôlatique histoire.

— « Cette aventure, continua-t-il, me donna à réfléchir. Je réfléchis que, puisque Dieu et l'amour étaient la première condition de l'art, ce qui dans l'art est *sentiment*, Satan pourrait bien être la seconde de ces conditions, ce qui dans l'art est *idée*. — N'est-ce pas le diable qui a bâti la cathédrale de Cologne?

Me voilà en quête du diable. Je blémis sur les livres magiques de Cornélius Agrippa, et j'égorge la poule noire du maître d'école mon voisin. Pas plus de diable qu'au bout du rosaire d'une dévote! Néanmoins il existe; — saint Augustin en a, de sa plume, légalisé le signalement : *Dæmones sunt genere animalia, ingenio rationabilia, animo passiva, corpore aerea, tempore æterna*. Cela est positif. Le diable existe. Il pérore à la chambre, il plaide au palais, il agiote à la bourse. On le grave en vignettes, on le broche en romans, on l'habille en drames. On le voit partout, comme je vous vois. C'est pour lui épiler mieux la barbe que les miroirs de poche ont été inventés. Polichinelle a manqué son ennemi et le nôtre. Oh! que ne l'a-t-il assommé d'un coup de bâton sur la nuque!

Je bus l'élixir de Paracelse, le soir, avant de me coucher. J'eus la colique. Nulle part le diable en cornes et en queue.

Encore un désappointement : — l'orage, cette nuit-là,

mouillait jusqu'aux os la vieille cité accroupie dans le sommeil. Comment je rôdais à tâtons, n'y voyant goutte, dans les anfractuosités de Notre-Dame, c'est ce que vous expliquera un sacrilége. Il n'y a pas de serrure dont le crime n'ait la clef. — Ayez pitié de moi! j'avais besoin d'une hostie et d'une relique. — Une clarté piqua les ténèbres, plusieurs autres se montrèrent successivement, de sorte que je distinguai bientôt quelqu'un dont la main affûtée d'un long allumoir distribuait la flamme aux chandeliers du maître-autel. C'était Jacquemart, qui, non moins imperturbable que de coutume sous sa *caule* de fer rapiécée, acheva sa besogne, sans paraître s'inquiéter ni même s'apercevoir de la présence d'un témoin profane. Jacqueline, agenouillée aux degrés, gardait une immobilité parfaite, la pluie découlant de sa jupe de plomb attournée à la mode brabançonne, de sa gorgerette de tôle tuyautée comme une dentelle de Bruges, de son visage de bois verni comme les joues d'une poupée de Nuremberg. Je lui bégayais une humble question sur le diable et sur l'art, quand le bras de la maritorne se débanda avec la précipitation soudaine et brutale d'un ressort, et au bruit cent fois répercuté du lourd marteau qu'elle serrait du poing, la foule des abbés, des chevaliers, des bienfaiteurs qui peuplent de leurs gothiques momies les caveaux gothiques de l'église, afflua processionnellement autour de l'autel éblouissant des splendeurs vives et ailées de la crèche de Noël. La vierge noire (1), la vierge des temps bar-

(1) Cette image était déjà en grande vénération au xii° siècle. Elle est d'un bois noir, dur et pesant, qu'on croit être du châtaignier.

bares, haute d'une coudée, à la tremblante couronne de fil d'or, à la robe raide d'empois et de perles, la vierge miraculeuse devant qui grésille une lampe d'argent, sauta en bas de sa chaire et courut sur les dalles, de la vitesse d'un toton. Elle s'avançait des nefs profondes, à bonds gracieux et inégaux, accompagnée d'un petit saint Jean de cire et de laine qu'embrasa une étincelle et qui se fondit bleu et rouge. Jacqueline s'était armée de ciseaux pour tondre l'occiput de son enfançon emmaillotté ; un cierge éclaira au loin la chapelle du baptistère, et alors.....

— Et alors ?

— Et alors le soleil qui luisait par un pertuis, les moineaux qui becquetaient mes vitres, et les cloches qui marmonnaient une antienne dans la nue m'éveillèrent. J'avais fait un rêve.

— Et le diable ?

— Il n'existe pas.

— Et l'art ?

— Il existe.

— Mais où donc ?

— Au sein de Dieu ! » — Et son œil où germait une larme sondait le ciel. — « Nous ne sommes, nous, monsieur, que les copistes du créateur. La plus magnifique, la plus triomphante, la plus glorieuse de nos œuvres éphémères n'est jamais que l'indigne contrefaçon, que le rayonnement éteint de la moindre de ses œuvres immortelles. Toute originalité est un aiglon qui ne brise la coquille de son œuf que dans les aires sublimes et foudroyantes du Sinaï.... Oui, monsieur, j'ai longtemps cherché l'art absolu ! O délire ! ô folie ! Regardez ce front ridé par la couronne de fer du malheur! Trente ans! et l'arcane que j'ai sollicité de tant de veilles opiniâtres, à qui j'ai immolé jeunesse, amour, plaisir, fortune, l'arcane gît, inerte et insensible, comme le vil caillou, dans la cendre de mes illusions! Le néant ne vivifie point le néant. »

Il se levait. Je lui témoignai ma commisération par un soupir hypocrite et banal.

— « Ce manuscrit, ajouta-t-il, vous dira combien d'instruments ont essayés mes lèvres avant d'arriver à celui qui rend la note pure et expressive, combien de pinceaux j'ai usés sur la toile avant d'y voir naître la vague aurore du clair-obscur. Là sont consignés divers procédés nouveaux peut-être d'harmonie et de couleur, seul résultat et seule récompense qu'aient obtenus mes élucubrations. Lisez-le; vous me le rendrez demain. Six heures sonnent à la cathédrale; elles chassent le soleil qui s'esquive le long de ces lilas. Je vais m'enfermer pour écrire mon testament. Bonsoir.

— Monsieur! »

Bah! il était loin. Je demeurai aussi coi et penaud qu'un président à qui son greffier aurait pris une puce chevauchant sur le nez. Le manuscrit était intitulé : *Gaspard de la Nuit, fantaisies à la manière de Rembrandt et de Callot.*

Le lendemain était un samedi. Personne à l'*Arquebuse*; quelques juifs qui festoyaient le jour du sabbat. Je courus par la ville m'informant de M. Gaspard de la Nuit à chaque passant. Les uns me répondaient : — « Oh! vous plaisantez! » — Les autres : — « Eh! qu'il vous torde le cou! » — Et tous aussitôt me plantaient là. J'abordai un vigneron de *lai rüe Sain-Felebor*, nabot et bossu, qui se carrait sur sa porte, en riant de mon embarras.

— « Connaissez-vous M. Gaspard de la Nuit?

— Que lui voulez-vous, — à ce garçon-là?

— Je veux lui rendre un livre qu'il m'a prêté.

— Un grimoire!

— Comment! un grimoire!... Enseignez-moi, je vous prie, son domicile.

— Là-bas, où pend ce pied de biche.

— Mais cette maison ..... vous m'adressez à M. le curé.

— C'est que je viens de voir entrer chez lui la grande brune qui blanchit ses aubes et ses rabats.

— Qu'est-ce que cela signifie?

— Cela signifie que M. Gaspard de la Nuit s'attife quelquefois en jeune et jolie fille, pour tenter de dévots personnages, — témoin son aventure avec saint Antoine, mon patron.

— Faites-moi grâce de vos malignités, et dites-moi où est M. Gaspard de la Nuit.

— Il est en enfer, supposé qu'il ne soit pas ailleurs.

— Ah! je m'avise enfin de comprendre! Quoi! Gaspard de la Nuit serait.....?

— Eh! oui..... le diable!

— Merci, mon brave!..... Si Gaspard de la Nuit est en enfer, qu'il y rôtisse! J'imprime son livre. »

Louis Bertrand.

PREFACE

L'art a toujours deux faces antithétiques, médaille dont, par exemple, un côté accuserait la ressemblance de Paul Rembrandt et le revers celle de Jacques Callot. — Rembrandt est le philosophe à barbe blanche qui s'encolimaçonne en son réduit, qui absorbe sa pensée dans la méditation et dans la prière, qui ferme les yeux pour se recueillir, qui s'entretient avec des esprits de beauté, de science, de sagesse et d'amour, et qui se consume à pénétrer les mystérieux symboles de la nature. — Callot, au contraire, est le lansquenet fanfaron et grivois, qui se pavane sur la place, qui fait du bruit dans la taverne, qui caresse les filles de bohémiens, qui ne jure que par sa rapière et par son escopette, et qui n'a d'autre inquiétude que de cirer sa moustache. — Or, l'auteur de ce livre a envisagé l'art sous cette double personnification; mais il n'a point été trop exclusif, et voici, outre des fantaisies à la manière de Rembrandt et de Callot, des études sur

Van Eyck, Lucas de Leyde, Albert Durer, Peter Neef, Breughel de Velours, Breughel d'Enfer, Van Ostade, Gérard Dow, Salvator Rosa, Murillo, Fusely et plusieurs autres maîtres de différentes écoles.

Et que si on demande à l'auteur pourquoi il ne parangonne point en tête de son livre quelque belle théorie littéraire, il sera forcé de répondre que M. Séraphin ne lui a pas expliqué le mécanisme de ses ombres chinoises, et que Polichinelle cache à la foule curieuse le fil conducteur de son bras. — Il se contente de signer son œuvre :

GASPARD DE LA NUIT.

A M. VICTOR HUGO

>   La gloire ne sait point ma demeure ignorée,
>   Et je chante tout seul ma chanson éplorée,
>   Qui n'a de charmes que pour moi.
>
>   CH. BRUGNOT. — *Ode.*

> Nargue de vos esprits errants, dit Adam, je ne m'en inquiète pas plus qu'un aigle ne s'inquiète d'une troupe d'oies sauvages ; tous ces êtres-là ont pris la fuite depuis que les chaires sont occupées par de braves ministres, et les oreilles du peuple remplies de saintes doctrines.
>
>   WALTER SCOTT. — *L'Abbé*, chap. XVI.

Le livre mignard de tes vers, dans cent ans comme aujourd'hui, sera le bien choyé des châtelaines, des damoiseaux et des ménestrels, florilége de chevalerie, décaméron d'amour, qui charmera les nobles oisivetés des manoirs.

Mais le petit livre que je te dédie aura subi le sort de tout ce qui meurt, après avoir, une matinée peut-être, amusé la cour et la ville qui s'amusent de peu de chose.

Alors, qu'un bibliophile s'avise d'exhumer cette œuvre moisie et vermoulue, il y lira à la première page ton nom illustre, qui n'aura point sauvé le mien de l'oubli.

Sa curiosité délivrera le frêle essaim de mes esprits qu'auront emprisonnés si longtemps des fermaux de vermeil dans une geôle de parchemin.

Et ce sera pour lui une trouvaille non moins précieuse que l'est pour nous celle de quelque légende en lettres gothiques, écussonnée d'une licorne ou de deux cigognes.

Paris, 20 septembre 1836.

LES FANTAISIES

DE

GASPARD DE LA NUIT

ICI COMMENCE LE PREMIER
LIVRE DES FANTAISIES
DE GASPARD
DE LA
NUIT

ECOLE FLAMANDE

I

HARLEM

> Quand d'Amsterdam le coq d'or chantera,
> La poule d'or de Harlem pondera.
> *Les Centuries de Nostradamus.*

Harlem, cette admirable bambochade qui résume l'école flamande, Harlem peint par Jean Breughel, Peter Neef, David Téniers et Paul Rembrandt;

Et le canal où l'eau bleue tremble, et l'église où le vitrage d'or flamboie, et le stoel (1) où sèche le linge au soleil, et les toits, verts de houblon;

Et les cigognes qui battent des ailes autour de l'horloge de la ville, tendant le col du haut des airs, et recevant dans leur bec les gouttes de pluie;

(1) Balcon de pierre.

Et l'insouciant bourgmestre qui caresse de la main son menton double, et l'amoureux fleuriste qui maigrit, l'œil attaché à une tulipe ;

Et la bohémienne qui se pâme sur sa mandoline, et le vieillard qui joue du rommelpot (1), et l'enfant qui enfle une vessie ;

Et les buveurs qui fument dans l'estaminet borgne, et la servante de l'hôtellerie, qui accroche à la fenêtre un faisan mort.

(1) Instrument de musique.

II

LE MAÇON

—

LE MAITRE-MAÇON. — Regardez ces bast?? ces contreforts :
on les dirait construits pour l'éternité.
SCHILLER. — *Guillaume Tell*.

Le maçon Abraham Knupfer chante, la truelle à la main, dans les airs échafaudé, si haut que, lisant les vers gothiques du bourdon, il nivelle de ses pieds et l'église aux trente arcs-boutants et la ville aux trente églises.

Il voit les tarasques de pierre vomir l'eau des ardoises dans l'abîme confus des galeries, des fenêtres, des pendentifs, des clochetons, des tourelles, des toits et des charpentes, que tache d'un point gris l'aile échancrée et immobile du tiercelet.

Il voit les fortifications qui se découpent en étoile, la citadelle qui se rengorge comme une géline dans un tourteau, les cours des palais, où le soleil tarit les fontaines, et les cloîtres des monastères, où l'ombre tourne autour des piliers.

Les troupes impériales se sont logées dans le faubourg. Voilà qu'un cavalier tambourine là-bas. Abraham Knupfer distingue son chapeau à trois cornes, ses aiguillettes de laine rouge, sa cocarde traversée d'une ganse, et sa queue nouée d'un ruban.

Ce qu'il voit encore, ce sont des soudards qui, dans le parc empanaché de gigantesques ramées, sur de larges pelouses d'émeraude, criblent de coups d'arquebuse un oiseau de bois, fiché à la pointe d'un mai.

Et le soir, quand la nef harmonieuse de la cathédrale s'endormit couchée les bras en croix, il aperçut, de l'échelle, à l'horizon, un village incendié par des gens de guerre, qui flamboyait comme une comète dans l'azur.

III

L'ECOLIER DE LEYDE

—

> On ne saurait prendre trop de précautions par le temps qui court, surtout depuis que les faux-monnoyeurs se sont établis dans ce pays-ci.
>
> *Le Siége de Berg-op-Zoom.*

Il s'assied dans son fauteuil de velours d'Utrecht, messire Blasius, le menton dans sa fraise de fine dentelle, comme une volaille qu'un cuisinier s'est rôtie sur une faïence.

Il s'assied devant sa banque pour compter la monnaie d'un demi-florin, moi, pauvre écolier de Leyde, qui ai un bonnet et une culotte percés, debout sur un pied, comme une grue sur un pal.

Voilà le trébuchet qui sort de la boîte de laque aux bizarres figures chinoises, comme une araignée qui, repliant ses longs bras, se réfugie dans une tulipe nuancée de mille couleurs.

Ne dirait-on pas, à voir la mine allongée du maître, trembler ses doigts décharnés découplant les pièces d'or, d'un voleur pris sur le fait, et contraint, le pistolet sur la gorge, de rendre à Dieu ce qu'il a gagné avec le diable ?

Mon florin que tu examines avec défiance à travers la loupe est moins équivoque et louche que ton petit œil gris, qui fume comme un lampion mal éteint.

Le trébuchet est rentré dans sa boîte de laque aux brillantes figures chinoises, messire Blasius s'est levé à demi de son fauteuil de velours d'Utrecht, et moi, saluant jusqu'à terre, je sors à reculons, pauvre écolier de Leyde, qui ai bas et chausses percés.

IV

LA BARBE POINTUE

—

> Si l'on n'a la tête levée,
> Le poil de la barbe frisé
> Et la moustache relevée,
> On est des dames méprisé.
> *Les poésies de d'Assoucy.*

Or, c'était fête à la synagogue, ténébreusement étoilée de lampes d'argent, et les rabbins, en robes et en lunettes, baisaient leurs talmuds, marmottant, nazillonnant, crachant ou se mouchant, les uns assis, les autres non.

Et voilà que tout à coup, parmi tant de barbes rondes, ovales, carrées, qui floconnaient, qui frisaient, qui exhalaient ambre et benjoin, fut remarquée une barbe taillée en pointe.

Un docteur nommé Elébotham, coiffé d'une meule de flanelle qui étincelait de pierreries, se leva et dit : « Profanation ! il y a ici une barbe pointue !

— Une barbe luthérienne ! — Un manteau court ! — Tuez le Philistin. » — Et la foule trépignait de colère dans les bancs tumultueux, tandis que le sacrificateur braillait : — « Samson, à moi ta mâchoire d'âne ! »

Mais le chevalier Melchior avait développé un parchemin authentiqué des armes de l'empire : — « Ordre, lut-il, d'arrêter le boucher Isaac van Heck, pour être l'assassin pendu, lui, pourceau d'Israël, entre deux pourceaux de Flandre. »

Trente hallebardiers se détachèrent à pas lourds et cliquetants de l'ombre du corridor. — « Feu de vos hallebardes ! » leur ricana le boucher Isaac. — Et il se précipita d'une fenêtre dans le Rhin.

V

LE MARCHAND DE TULIPES

> La tulipe est parmi les fleurs ce que le paon est parmi les oiseaux. L'une est sans parfum, l'autre sans voix ; l'une s'enorgueillit de sa robe, l'autre de sa queue.
>
> *Le Jardin des Fleurs rares et curieuses.*

Nul bruit, si ce n'est le froissement des feuillets de vélin sous les doigts du docteur Huylten, qui ne détachait les yeux de sa bible jonchée de gothiques enluminures, que pour admirer l'or et le pourpre de deux poissons captifs aux humides flancs d'un bocal.

Les battants de la porte roulèrent : c'était un marchand fleuriste qui, les bras chargés de plusieurs pots de tulipes, s'excusa d'interrompre la lecture d'un aussi savant personnage.

— « Maître, dit-il, voici le trésor des trésors, la merveille des merveilles, un oignon comme il n'en fleurit jamais qu'un par siècle dans le sérail de l'empereur de Constantinople !

— Une tulipe ! s'écria le vieillard courroucé, une tulipe ! ce symbole de l'orgueil et de la luxure qui ont engendré dans la malheureuse cité de Wittenberg la détestable hérésie de Luther et de Mélancthon ! »

Maître Huylten agrafa le fermail de sa bible, rangea ses lunettes dans leur étui, et tira le rideau de la fenêtre qui laissa voir au soleil une fleur de la passion, avec sa couronne d'épines, son éponge, son fouet, ses clous et les cinq plaies de Notre-Seigneur.

Le marchand de tulipes s'inclina respectueusement et en silence, déconcerté par un regard inquisiteur du duc d'Albe dont le portrait, chef-d'œuvre d'Holbein, était appendu à la muraille.

VI

LES CINQ DOIGTS DE LA MAIN

> Une honnête famille où il n'y a jamais eu de banqueroute, où personne n'a jamais été pendu.
> *La Parenté de Jean de Nivelle.*

Le pouce est ce gras cabaretier flamand, d'humeur goguenarde et grivoise, qui fume sur sa porte, à l'enseigne de la double bière de mars.

L'index est sa femme, virago sèche comme une merluche, qui dès le matin soufflète sa servante, dont elle est jalouse, et caresse la bouteille, dont elle est amoureuse.

Le doigt du milieu est leur fils, compagnon dégrossi à la hache, qui serait soldat s'il n'était brasseur, et qui serait cheval s'il n'était homme.

Le doigt de l'anneau est leur fille, leste et agaçante Zerbine qui vend des dentelles aux dames et ne vend pas ses sourires aux cavaliers.

Et le doigt de l'oreille est le Benjamin de la famille, marmot pleureur, qui toujours se trimballe à la ceinture de sa mère, comme un petit enfant pendu au croc d'une ogresse.

Les cinq doigts de la main sont la plus mirobolante giroflée à cinq feuilles qui ait jamais brodé les parterres de la noble cité de Harlem.

VII

LA VIOLE DE GAMBA

> Il reconnut, à n'en pouvoir douter, la figure blême
> de son ami intime Jean-Gaspard Deburean, le
> grand paillasse des Funambules, qui le regardait
> avec une expression indéfinissable de malice et
> de bonhomie.
>
> THÉOPHILE GAUTIER. — *Onuphrius.*

> Au clair de la lune,
> Mon ami Pierrot,
> Prête-moi ta plume
> Que j'écrive un mot.
> Ma chandelle est morte,
> Je n'ai plus de feu ;
> Ouvre-moi ta porte
> Pour l'amour de Dieu.
>
> *Chanson populaire.*

Le maître de chapelle eut à peine interrogé de l'archet la viole bourdonnante, qu'elle lui répondit par un gargouillement burlesque de lazzis et de roulades, comme si elle eût eu au ventre une indigestion de comédie italienne.

—

C'était d'abord la duègne Barbara qui grondait cet imbécile de Pierrot d'avoir, le maladroit, laissé tomber la boîte à perruque de monsieur Cassandre et répandu toute la poudre sur le plancher.

Et monsieur Cassandre de ramasser piteusement sa perruque, et Arlequin de détacher au viédase un coup de pied dans le derrière, et Colombine d'essuyer une larme de fou rire, et Pierrot d'élargir jusqu'aux oreilles une grimace enfarinée.

Mais bientôt, au clair de la lune, Arlequin, dont la chandelle était morte, suppliait son ami Pierrot de tirer les verrous pour la lui rallumer, si bien que le traître enlevait la jeune fille avec la cassette du vieux.

—

— « Au diable Job Hans le luthier qui m'a vendu cette corde! » s'écria le maître de chapelle, recouchant la poudreuse viole dans son poudreux étui. — La corde s'était cassée.

VIII

L'ALCHIMISTE

—

> Notre art s'apprent en deux manières, c'est à sauoir par enseignement d'un maistre, bouche à bouche, et non autrement, ou par inspiration et réuélation diuines ; ou bien par les liures lesquelz sont moult obscurs et embrouillez, et pour en iceux trouuer accordance et vérité moult conuient estre subtil, patient, studieux et vigilant.
>
> *La Clef des Secrets de Filosofie de Pierre Vicot.*

Rien encore ! — Et vainement ai-je feuilleté pendant trois jours et trois nuits, aux blafardes lueurs de la lampe, les livres hermétiques de Raymond Lulle.

Non, rien, si ce n'est, avec le sifflement de la cornue étincelante, les rires moqueurs d'un salamandre qui se fait un jeu de troubler mes méditations.

Tantôt il attache un pétard à un poil de ma barbe, tantôt il me décoche de son arbalète un trait de feu dans mon manteau.

Ou bien fourbit-il son armure : c'est alors la cendre du fourneau qu'il souffle sur les pages de mon formulaire et sur l'encre de mon écritoire.

Et la cornue, toujours plus étincelante, siffle le même air que le diable, quand saint Eloy lui tenaille le nez dans sa forge.

Mais rien encore! — Et pendant trois autres jours et trois autres nuits je feuilleterai, aux blafardes lueurs de la lampe, les livres hermétiques de Raymond Lulle!

IX

DÉPART POUR LE SABBAT

> Elle se leva la nuit, et allumant de la chandelle, print une bouëtte et s'oignit, puis avec quelques paroles elle fut transportée au sabbat.
> JEAN BODIN. — *De la Démonomanie des Sorciers*.

Ils étaient là une douzaine qui mangeaient la soupe à la bière, et chacun d'eux avait pour cuillère l'os de l'avant-bras d'un mort.

La cheminée était rouge de braise, les chandelles champignonnaient dans la fumée, et les assiettes exhalaient une odeur de fosse au printemps.

Et lorsque Maribas riait ou pleurait, on entendait comme geindre un archet sur les trois cordes d'un violon démantibulé.

Cependant le soudard étala diaboliquement sur la table, à la lueur du suif, un grimoire où vint s'ébattre une mouche grillée.

Cette mouche bourdonnait encore lorsque, de son ventre énorme et velu, une araignée escalada les bords du magique volume.

Mais déjà sorciers et sorcières s'étaient envolés par la cheminée, à califourchon, qui sur le balai, qui sur les pincettes, et Maribas sur la queue de la poêle.

ICI FINIT LE PREMIER
LIVRE DES FANTAISIES
DE GASPARD
DE LA
NUIT

ICI COMMENCE LE SECOND
LIVRE DES FANTAISIES
DE GASPARD
DE LA
NUIT

LE VIEUX PARIS

I

LES DEUX JUIFS

> Vieux époux,
> Vieux jaloux,
> Tirez tous
> Les verroux.
> *Vieille chanson.*

Deux juifs, qui s'étaient arrêtés sous ma fenêtre, comptaient mystérieusement au bout de leurs doigts les heures trop lentes de la nuit.

— « Avez-vous de l'argent, rabbi? demanda le plus jeune au plus vieux. — Cette bourse, répondit l'autre, n'est point un grelot. »

Mais alors une troupe de gens se rua avec vacarme des bouges du voisinage, et des cris éclatèrent sur mes vitraux, comme les dragées d'une sarbacane.

C'étaient des turlupins qui couraient joyeusement vers la place du Marché, d'où le vent chassait des étincelles de paille et une odeur de roussi.

— « Ohé, ohé! Lanturelu! — Ma révérence à madame la lune! — Par ici, la cagoule du diable! Deux juifs dehors pendant le couvre-feu! — Assomme! assomme! Aux juifs le jour, aux truands la nuit! »

—

Et les cloches fêlées carillonnaient là-haut dans les tours de Saint-Eustache le gothique : — « Dindon, dindon, dormez donc, dindon! »

A monsieur Louis Boulanger, peintre

II

LES GUEUX DE NUIT

—

> J'endure
> Froidure
> Bien dure.
>
> *La chanson du pauvre diable.*

— « Ohé ! rangez-vous, qu'on se chauffe ! — Il ne te manque plus que d'enfourcher le foyer ! Ce drôle a les jambes comme des pincettes.

— Une heure ! — Il bise dru ! — Savez-vous, mes chats-huants, ce qui fait la lune si claire ? Les cornes des c.... qu'on y brûle.

— La rouge braise à griller de la charbonnée ! — Comme la flamme danse bleue sur les tisons ! Ohé ! quel est le ribaud qui a battu sa ribaude ?

— J'ai le nez gelé ! — J'ai les grèves rôties ! — Ne vois-tu rien dans le feu, Choupille ? — Oui ! une hallebarde. — Et toi, Jeanpoil ? — Un œil.

— Place, place à M. de la Chousserie ! — Vous êtes là, monsieur le procureur, chaudement fourré et ganté pour l'hiver ! — Oui-dà ! les matous n'ont pas d'engelures !

— Ah ! voici messieurs du guet ! — Vos bottes fument. — Et les tire-laine ? — Nous en avons tué deux d'une arquebusade ; les autres se sont échappés à travers la rivière. »

—

Et c'est ainsi que s'acoquinaient à un feu de brandons, avec des gueux de nuit, un procureur au parlement qui courait le guilledou, et les Gascons du guet qui racontaient sans rire les exploits de leurs arquebuses détraquées.

III

LE FALOT

—

Le Masque. — Il fait noir ; prête-moi ta lanterne ?
Mercurio. — Bah ! les chats ont pour lanterne leurs deux yeux.

Une nuit de carnaval.

— « Ah ! pourquoi me suis-je, ce soir, avisé qu'il y avait place à me blottir contre l'orage, moi petit follet de gouttière, dans le falot de madame de Gourgouran ! »

Je riais d'entendre un esprit que trempait l'averse bourdonner autour de la maison lumineuse, sans pouvoir trouver la porte par laquelle j'étais entré.

Vainement me suppliait-il, enroué et morfondu, de lui permettre au moins de rallumer son rat de cave à ma bougie, pour chercher sa route.

Soudain le jaune papier de la lanterne s'enflamma, crevé d'un coup de vent dont gémirent dans la rue les enseignes pendantes comme des bannières.

— « Jésus ! miséricorde ! s'écria la béguine, se signant des cinq doigts. — Le diable te tenaille, sorcière, m'écriai-je, crachant plus de feu qu'un serpenteau d'artifice ! »

Hélas ! moi qui, ce matin encore, rivalisais de grâces et de parure avec le chardonneret à oreillettes de drap écarlate du damoisel de Luynes !

IV.

LA TOUR DE NESLE

> Il y avait à la tour de Nesle un corps-de-garde
> auquel se logeait le guet pendant la nuit.
> BRANTOME.

— « Valet de trèfle ! — Dame de pique ! je gagne ! » Et le soudard qui perdait envoya d'un coup de poing sur la table son enjeu au plancher.

Mais alors messire Hugues, le prévôt, cracha dans le brasier de fer, avec la grimace d'un cagou qui a avalé une araignée en mangeant sa soupe.

— « Pouah ! les chaircuitiers échaudent-ils leurs cochons à minuit ? Ventredieu ! c'est un bateau de feurre qui brûle en Seine ! »

L'incendie, qui n'était d'abord qu'un innocent follet égaré dans les brouillards de la rivière, fut bientôt un diable-à-quatre tirant le canon et force arquebusades au fil de l'eau.

Une foule innombrable de turlupins, de béquillards, de gueux de nuit, accourus sur la grève, dansaient des gigues devant la spirale de flamme et de fumée.

Et rougeoyaient face à face la tour de Nesle, d'où le guet sortit l'escopette sur l'épaule, et la tour du Louvre, d'où, par une fenêtre, le roi et la reine voyaient tout sans être vus.

V

LE RAFFINÉ

Un fendant, un raffiné.
Poésies de Scarron.

« Mes crocs aiguisés en pointe ressemblent à la queue de la tarasque, mon linge est aussi blanc qu'une nappe de cabaret, et mon pourpoint n'est pas plus vieux que les tapisseries de la couronne.

» S'imaginerait-on jamais, à voir ma pimpante dégaine, que la faim, logée dans mon ventre, y tire, — la bourelle ! — une corde qui m'étrangle comme un pendu !

» Ah ! si de cette fenêtre, où grésille une lumière, était seulement tombée dans la corne de mon feutre une mauviette rôtie, au lieu de cette fleur fanée !

» La place Royale est ce soir, aux falots, claire comme une chapelle ! — Gare la litière ! — Fraîche limonade ! — Macarons de Naples ! — Or çà ! petit, que je goûte avec le doigt ta truite à la sauce ! Drôle ! il manque des épices dans ton poisson d'avril.

» N'est-ce pas la Marion Delorme au bras du duc de Longueville ? Trois bichons la suivent en jappant... Elle a de beaux diamants dans les yeux, la jeune courtisane !... Il a de beaux rubis sur le nez, le vieux courtisan ! »

—

Et le raffiné se panadait le poing sur la hanche, coudoyant les promeneurs et souriant aux promeneuses. Il n'avait pas de quoi dîner : il acheta un bouquet de violettes !

VI

L'OFFICE DU SOIR

> Quand, vers Pâque ou Noël, l'église, aux nuits tombantes,
> S'emplit de pas confus et de cires flambantes.
> VICTOR HUGO. — *Les Chants du crépuscule.*

> Dixit Dominus Domino meo : Sede à dextris meis.
> *Office des vêpres.*

Trente moines, épluchant feuillet par feuillet des psautiers aussi crasseux que leurs barbes, louaient Dieu et chantaient pouilles au diable.

—

— « Madame, vos épaules sont une touffe de lys et de roses. » Et comme le cavalier se penchait, il éborgna son valet du bout de son épée.

— « Moqueur ! minauda-t-elle, vous jouez-vous à me distraire ? — Est-ce l'*Imitation de Jésus* que vous lisez, madame ? — Non, c'est le *Brelan d'amour et de galanterie.* »

Mais l'office était psalmodié. Elle ferma son livre, et se leva de sa chaise. — « Allons-nous-en, dit-elle ; assez prié pour aujourd'hui ! »

—

Et moi, pèlerin agenouillé à l'écart sous les orgues, il me semblait ouïr les anges descendre du ciel mélodieusement.

Je recueillais de loin quelques parfums de l'encensoir, et Dieu permettait que je glanasse l'épi du pauvre derrière sa riche moisson.

VII

LA SÉRÉNADE

—

La nuit, tous les chats sont gris.
Proverbe populaire.

Un luth, une guitaronne et un hautbois. Symphonie discordante et ridicule. Madame Laure à son balcon, derrière une jalousie. Point de lanternes dans la rue, point de lumières aux fenêtres. La lune encornée.

—

— « Est-ce vous d'Espignac? — Hélas! non. — C'est donc toi, mon petit Fleur-d'Amande? — Ni l'un ni l'autre. — Comment! encore vous, monsieur de la Tournelle! Bonsoir! Cherchez minuit à quatorze heures! »

Les musiciens dans leur cape. — « Monsieur le conseiller en sera pour un rhume. — Mais le galant n'a donc pas frayeur du mari ? — Eh ! le mari est aux Iles. »

Cependant que chuchotait-on ensemble ? — « Cent louis par mois. — Charmant ! — Un carrosse avec deux heiduques. — Superbe ! — Un hôtel dans le quartier des princes. — Magnifique ! — Et mon cœur fourré d'amour. — Oh ! la jolie pantoufle à mon pied ! »

Les musiciens toujours dans leur cape. — « J'entends rire madame Laure. — La cruelle s'humanise. — Oui-dà ! l'art d'Orphœus attendrissait les tigres, dans les temps fabuleux ! »

Madame Laure. — « Approchez, mon mignon, que je vous glisse ma clef au nœud d'un ruban ! » Et la perruque de monsieur le conseiller se mouilla d'une rosée que ne distillaient pas les étoiles. — « Ohé ! Gueudespin, cria la maligne femelle, en fermant le balcon, empoignez-moi un fouet, et courez vite essuyer monsieur ! »

VIII

MESSIRE JEAN

> Grave personnage, dont la chaîne d'or et la baguette blanche annonçaient l'autorité.
> WALTER SCOTT — *L'Abbé*, chap. IV.

— « Messire Jean, lui dit la reine, allez voir dans la cour du palais pourquoi ces deux lévriers se livrent bataille. » Et il y alla.

Et quand il y fut, le sénéchal tança d'une verte manière les deux lévriers, qui se disputaient un os de jambon.

Mais ceux-ci, tiraillant ses grègues noires et mordant ses bas rouges, le culbutèrent comme un goutteux sur ses crosses.

— « Holà! holà! à mon aide! » Et les pertuisaniers de la porte accoururent, que le museau des deux efflanqués avait fouillé déjà la friande escarcelle du bonhomme.

Cependant la reine se pâmait de rire à une fenêtre, dans sa haute guimpe de Malines aussi raide et plissée qu'un éventail.

— « Et pourquoi se battaient-ils, messire? — Ils se battaient, madame, l'un maintenant contre l'autre que vous êtes la plus belle, la plus sage et la plus grande princesse de l'univers. »

A M. Sainte-Beuve

IX

LA MESSE DE MINUIT

> Christus natus est nobis; venite, adoremus.
> *La Nativité de Notre-Seigneur Jésus-Christ.*
>
> Nous n'avons ni feu ni lieu,
> Donnez-nous la part à Dieu.
> *Vieille chanson.*

La bonne dame et le noble sire de Chateauvieux rompaient le pain du soir, M. l'aumônier bénissant la table, quand se fit entendre un bruit de sabots à la porte. C'étaient de petits enfants qui chantèrent un noël.

— « Bonne dame de Chateauvieux, hâtez-vous, la foule s'achemine à l'église ; hâtez-vous, de peur que le cierge qui brûle sur votre prie-Dieu, dans la chapelle des Anges, ne s'éteigne en étoilant de ses gouttes de cire les heures de vélin et le carreau de velours! — voici la première volée des cloches pour la messe de minuit!

— Noble sire de Chateauvieux, hâtez-vous, de peur que le sire Grugel, qui passe là-bas avec sa lanterne de papier, n'aille s'emparer en votre absence de la place d'honneur au banc des confrères de saint Antoine! — voici la seconde volée des cloches pour la messe de minuit!

— Monsieur l'aumônier, hâtez-vous! les orgues grondent, les chanoines psalmodient, hâtez-vous! les fidèles sont assemblés et vous êtes encore à table! — voici la troisième volée des cloches pour la messe de minuit! »

Les petits enfants soufflaient dans leurs doigts, mais ils ne se morfondirent pas longtemps à attendre; et sur le seuil gothique, blanc de neige, M. l'aumônier les régala, au nom des maîtres du logis, chacun d'une gaufre et d'une maille.

Cependant aucune cloche ne tintait plus. La bonne dame plongea dans un manchon ses mains jusqu'aux coudes, le noble sire couvrit ses oreilles d'un mortier, et l'humble prêtre, encapuchonné d'une aumusse, marcha derrière, son missel sous le bras.

X

LE BIBLIOPHILE

—

> Un Elzevir lui causait de douces émotions; mais ce qui le plongeait dans un ravissement extatique, c'était un Henri Etienne.
>
> **_Biographie de Martin Spickler._**

Ce n'était pas quelque tableau de l'école flamande, un David Téniers, un Breughel d'Enfer, enfumé à n'y pas voir le diable.

C'était un manuscrit rongé des rats par les bords, d'une écriture tout enchevêtrée et d'une encre bleue et rouge.

— « Je soupçonne l'auteur, dit le bibliophile, d'avoir vécu vers la fin du règne de Louis XII, ce roi de paternelle et plantureuse mémoire.

» Oui, continua-t-il d'un air grave et méditatif, oui, il aura été clerc dans la maison des sires de Chateauvieux. »

Ici il feuilleta un énorme in-folio ayant pour titre : *Le Nobiliaire de France*, dans lequel il ne trouva mentionnés que les sires de Chateauneuf.

— « N'importe, dit-il un peu confus, Chateauneuf et Chateauvieux ne sont qu'un même château. Aussi bien il est temps de débaptiser le Pont-Neuf. »

ICI FINIT LE SECOND
LIVRE DES FANTAISIES
DE GASPARD
DE LA
NUIT

ICI COMMENCE LE TROISIÈME
LIVRE DES FANTAISIES
DE GASPARD
DE LA
NUIT

LA NUIT
ET SES PRESTIGES

I

LA CHAMBRE GOTHIQUE

> Nox et solitudo plenæ sunt diabolo.
>
> *Les Pères de l'Église.*
>
> La nuit, ma chambre est pleine de diables.

— « Oh ! la terre, — murmurai-je à la nuit, — est un calice embaumé dont le pistil et les étamines sont la lune et les étoiles ! »

Et les yeux lourds de sommeil, je fermai la fenêtre qu'incrusta la croix du calvaire, noire dans la jaune auréole des vitraux.

Encore, — si ce n'était à minuit, — l'heure blasonnée de dragons et de diables ! — que le gnome qui se soûle de l'huile de ma lampe !

Si ce n'était que la nourrice qui berce avec un chant monotone, dans la cuirasse de mon père, un petit enfant mort-né !

Si ce n'était que le squelette du lansquenet emprisonné dans la boiserie, et heurtant du front, du coude et du genou !

Si ce n'était que mon aïeul qui descend en pied de son cadre vermoulu, et trempe son gantelet dans l'eau bénite du bénitier !

Mais c'est Scarbo qui me mord au cou, et qui, pour cautériser ma blessure sanglante, y plonge son doigt de fer rougi à la fournaise !

II

SCARBO

> Mon Dieu, accordez-moi, à l'heure de ma mort, les
> prières d'un prêtre, un linceul de toile, une bière
> de sapin et un lieu sec.
>
> *Les Patenôtres de M. le Maréchal.*

— « Que tu meures absous ou damné, marmottait Scarbo cette nuit à mon oreille, tu auras pour linceul une toile d'araignée, et j'ensevelirai l'araignée avec toi !

— Oh ! que du moins j'aie pour linceul, lui répondais-je, les yeux rouges d'avoir tant pleuré, — une feuille du tremble dans laquelle me bercera l'haleine du lac.

— Non ! — ricanait le nain railleur, — tu serais la pâture de l'escarbot qui chasse, le soir, aux moucherons aveuglés par le soleil couchant !

— Aimes-tu donc mieux, — lui répliquais-je, larmoyant toujours, — aimes-tu donc mieux que je sois sucé d'une tarentule à la trompe d'éléphant ?

— Eh bien ! — ajoutait-il, — console-toi, tu auras pour linceul les bandelettes tachetées d'or d'une peau de serpent, dont je t'emmailloterai comme une momie.

» Et de la crypte ténébreuse de Saint-Bénigne, où je te coucherai debout contre la muraille, tu entendras à loisir les petits enfants pleurer dans les limbes. »

III

LE FOU

> Un carolus, ou bien encor...
> Si l'aimez mieux, un agneau d'or.
>
> *Manuscrit de la Bibliothèque du Roi.*

La lune peignait ses cheveux avec un démêloir d'ébène qui argentait d'une pluie de vers luisants les collines, les prés et les bois.

Scarbo, gnome dont les trésors foisonnent, vannait sur mon toit, au cri de la girouette, ducats et florins qui sautaient en cadence, les pièces fausses jonchant la rue.

Comme ricana le fou qui vague, chaque nuit, par la cité déserte, un œil à la lune et l'autre — crevé !

— « Foin de la lune ! grommela-t-il, ramassant les jetons du diable, j'achèterai le pilori pour m'y chauffer au soleil. »

———

Mais c'était toujours la lune, la lune qui se couchait, — et Scarbo monnoyait sourdement dans ma cave ducats et florins à coups de balancier.

Tandis que, les deux cornes en avant, un limaçon qu'avait égaré la nuit cherchait sa route sur mes vitraux lumineux.

IV

LE NAIN

― Toi, à cheval !
― Eh ! pourquoi pas ? J'ai si souvent galopé sur le
lévrier du laird de Linlithgow !

Ballades écossaises.

J'avais capturé, de mon séant, dans l'ombre de mes courtines, ce furtif papillon, éclos d'un rais de la lune ou d'une goutte de rosée.

Phalène palpitante qui, pour dégager ses ailes captives entre mes doigts, me payait une rançon de parfums !

Soudain la vagabonde bestiole s'envolait, abandonnant dans mon giron, — ô horreur ! — une larve monstrueuse et difforme, à tête humaine !

— « Où est ton âme, que je chevauche ? — Mon âme, haquenée boiteuse des fatigues du jour, repose maintenant sur la litière dorée des songes. »

Et elle s'échappait d'effroi, mon âme, à travers la livide toile d'araignée du crépuscule, par-dessus de noirs horizons dentelés de noirs clochers gothiques.

Mais le nain, pendu à sa fuite hennissante, se roulait comme un fuseau dans les quenouillées de sa blanche crinière.

V

LE CLAIR DE LUNE

> Réveillez-vous, gens qui dormez,
> Et priez pour les trépassés.
> *Le cri du crieur de nuit.*

Oh ! qu'il est doux, quand l'heure tremble au clocher, la nuit, de regarder la lune qui a le nez fait comme un carolus d'or !

—

Deux ladres se lamentaient sous ma fenêtre, un chien hurlait dans le carrefour, et le grillon de mon foyer vaticinait tout bas.

Mais bientôt mon oreille n'interrogea plus qu'un silence profond. Les lépreux étaient rentrés dans leurs chenils, aux coups de Jacquemart qui battait sa femme.

Le chien avait enfilé une venelle, devant les pertuisanes du guet enrouillé par la pluie et morfondu par la bise.

Et le grillon s'était endormi, dès que la dernière bluette avait éteint sa dernière lueur dans la cendre de la cheminée.

Et moi, il me semblait, — tant la fièvre est incohérente, — que la lune, grimant sa face, me tirait la langue comme un pendu !

A monsieur Louis Boulanger, peintre

VI

LA RONDE SOUS LA CLOCHE

—

> C'était un bâtiment lourd, presque carré, entouré de ruines, et dont la tour principale, qui possédait encore son horloge, dominait tout le quartier.
> FENIMORE COOPER.

Douze magiciens dansaient une ronde sous la grosse cloche de Saint-Jean. Ils évoquèrent l'orage l'un après l'autre, et du fond de mon lit je comptai avec épouvante douze voix qui traversèrent processionnellement les ténèbres.

Aussitôt la lune courut se cacher derrière les nuées, et une pluie mêlée d'éclairs et de tourbillons fouetta ma fenêtre, tandis que les girouettes criaient comme des grues en sentinelle sur qui crève l'averse dans les bois.

La chanterelle de mon luth, appendu à la cloison, éclata; mon chardonneret battit de l'aile dans sa cage; quelque esprit curieux tourna un feuillet du Roman de la Rose qui dormait sur mon pupitre.

Mais soudain gronda la foudre au haut de Saint-Jean. Les enchanteurs s'évanouirent, frappés à mort, et je vis de loin leurs livres de magie brûler comme une torche dans le noir clocher.

Cette effrayante lueur peignait des rouges flammes du purgatoire et de l'enfer les murailles de la gothique église, et prolongeait sur les maisons voisines l'ombre de la statue gigantesque de saint Jean.

Les girouettes se rouillèrent; la lune fondit les nuées gris-de-perle; la pluie ne tomba plus que goutte à goutte des bords du toit, et la brise, ouvrant ma fenêtre mal close, jeta sur mon oreiller les fleurs de mon jasmin secoué par l'orage.

VII

UN RÊVE

—

J'ai rêvé tant et plus, mais je n'y entends note.
Pantagruel, livre III.

Il était nuit. Ce furent d'abord, — ainsi j'ai vu, ainsi je raconte, — une abbaye aux murailles lézardées par la lune, — une forêt percée de sentiers tortueux, — et le Morimont (1) grouillant de capes et de chapeaux.

Ce furent ensuite, — ainsi j'ai entendu, ainsi je raconte, — le glas funèbre d'une cloche, auquel répondaient les sanglots funèbres d'une cellule, — des cris plaintifs et

---

(1) C'est à Dijon, de temps immémorial, la place aux exécutions.

des rires féroces dont frissonnait chaque feuille le long d'une ramée,—et les prières bourdonnantes des pénitents noirs qui accompagnaient un criminel au supplice.

Ce furent enfin, — ainsi s'acheva le rêve, ainsi je raconte, — un moine qui expirait couché dans la cendre des agonisants, — une jeune fille qui se débattait pendue aux branches d'un chêne, — et moi que le bourreau liait échevelé sur les rayons de la roue.

Dom Augustin, le prieur défunt, aura, en habit de cordelier, les honneurs de la chapelle ardente, et Marguerite, que son amant a tuée, sera ensevelie dans sa blanche robe d'innocence, entre quatre cierges de cire.

Mais moi, la barre du bourreau s'était, au premier coup, brisée comme un verre, les torches des pénitents noirs s'étaient éteintes sous des torrents de pluie, la foule s'était écoulée avec les ruisseaux débordés et rapides, — et je poursuivais d'autres songes vers le réveil.

VIII

MON BISAIEUL

—

> Tout dans cette chambre était encore dans le même état, si ce n'est que les tapisseries y étaient en lambeaux, et que les araignées y tissaient leurs toiles dans la poussière.
> WALTER SCOTT. — *Woodstock.*

Les vénérables personnages de la tapisserie gothique, remuée par le vent, se saluèrent l'un l'autre, et mon bisaïeul entra dans la chambre, — mon bisaïeul mort il y aura bientôt quatre-vingts ans!

Là, — c'est là, devant ce prie-Dieu qu'il s'agenouilla, mon bisaïeul le conseiller, baisant de sa barbe ce jaune missel étalé à l'endroit de ce ruban.

Il marmotta des oraisons tant que dura la nuit, sans décroiser un moment ses bras de son camail de soie violette, sans obliquer un regard vers moi, sa postérité, qui étais couché dans son lit, son poudreux lit à baldaquin!

Et je remarquais avec effroi que ses yeux étaient vides, bien qu'il parût lire, — que ses lèvres étaient immobiles, bien que je l'entendisse prier, — que ses doigts étaient décharnés, bien qu'ils scintillassent de pierreries!

Et je me demandais si je veillais ou si je dormais, — si c'étaient les pâleurs de la lune ou de Lucifer, — si c'était minuit ou le point du jour!

IX

ONDINE

—

> . . . . Je croyais entendre
> Une vague harmonie enchanter mon sommeil,
> Et près de moi s'épandre un murmure pareil
> Aux chants entrecoupés d'une voix triste et tendre.
> CH. BRUGNOT. — *Les deux Génies.*

— « Ecoute ! — Ecoute ! — C'est moi, c'est Ondine qui frôle de ces gouttes d'eau les losanges sonores de ta fenêtre illuminée par les mornes rayons de la lune ; et voici, en robe de moire, la dame châtelaine qui contemple à son balcon la belle nuit étoilée et le beau lac endormi.

» Chaque flot est un Ondin qui nage dans le courant, chaque courant est un sentier qui serpente vers mon palais, et mon palais est bâti, fluide, au fond du lac, dans le triangle du feu, de la terre et de l'air.

» Ecoute ! — Ecoute ! — Mon père bat l'eau coassante d'une branche d'aulne verte, et mes sœurs caressent de leurs bras d'écume les fraîches îles d'herbes, de nénuphars et de glaïeuls, ou se moquent du saule caduc et barbu qui pêche à la ligne ! »

Sa chanson murmurée, elle me supplia de recevoir son anneau à mon doigt, pour être l'époux d'une Ondine, et de visiter avec elle son palais, pour être le roi des lacs.

Et comme je lui répondais que j'aimais une mortelle, boudeuse et dépitée, elle pleura quelques larmes, poussa un éclat de rire, et s'évanouit en giboulées qui ruisselèrent blanches le long de mes vitraux bleus.

X

LA SALAMANDRE

> Il jeta dans le foyer quelques frondes de houx béni, qui brûlèrent en craquetant.
>
> CH. NODIER. — *Trilby*.

— « Grillon mon ami, es-tu mort, que tu demeures sourd au bruit de mon sifflet, et aveugle à la lueur de l'incendie ? »

Et le grillon, quelque affectueuses que fussent les paroles de la salamandre, ne répondait point, soit qu'il dormît d'un magique sommeil, ou bien soit qu'il eût fantaisie de bouder.

— « Oh ! chante-moi ta chanson de chaque soir dans ta logette de cendre et de suie, derrière la plaque de fer écussonnée de trois fleurs de lys héraldiques ! »

Mais le grillon ne répondait point encore, et la salamandre éplorée tantôt écoutait si ce n'était point sa voix, tantôt bourdonnait avec la flamme aux changeantes couleurs, rose, bleue, rouge, jaune, blanche et violette.

— « Il est mort, il est mort, le grillon mon ami ! » Et j'entendais comme des soupirs et des sanglots, tandis que la flamme, livide maintenant, décroissait dans le foyer attristé.

— « Il est mort ! Et puisqu'il est mort, je veux mourir ! » Les branches de sarment étaient consumées, la flamme se traîna sur la braise en jetant son adieu à la crémaillère, et la salamandre mourut d'inanition.

XI

L'HEURE DU SABBAT

> Qui passe donc si tard à travers la vallée ?
> H. DE LATOUCHE. — *Le Roi des Aulnes.*

C'est ici ! et déjà, dans l'épaisseur des halliers, qu'éclaire à peine l'œil phosphorique du chat sauvage tapi sous les ramées ;

Aux flancs des rocs qui trempent dans la nuit des précipices leur chevelure de broussailles, ruisselante de rosée et de vers luisants ;

Sur le bord du torrent qui jaillit en blanche écume au front des pins, et qui bruine en grise vapeur au front des châteaux ;

Une foule se rassemble innombrable, que le vieux bûcheron attardé par les sentiers, sa charge de bois sur le dos, entend et ne voit pas.

Et de chêne en chêne, de butte en butte, se répondent mille cris confus, lugubres, effrayants : « Hum ! hum ! — Schup ! schup ! — Coucou ! coucou ! »

C'est ici le gibet ! — Et voilà paraître dans la brume un juif qui cherche quelque chose parmi l'herbe mouillée, à l'éclat doré d'une main de gloire.

ICI FINIT LE TROISIÈME
LIVRE DES FANTAISIES
DE GASPARD
DE LA
NUIT

ICI COMMENCE LE QUATRIÈME
LIVRE DES FANTAISIES
DE GASPARD
DE LA
NUIT

LES CHRONIQUES

I

MAITRE OGIER

(1407)

—

> Le dit roy Charles sixiesme du nom fust très dé-
> bonnaire et moult aimé, et le populaire n'avoit
> en grand'haine que les ducs d'Orléans et de Bour-
> gogne, qui imposoient des tailles excessives par
> tout le royaume.
>
> *Les Annales et Chroniques de France,
> depuis la guerre de Troyes jusques
> au roy Loys unzième du nom, par
> maître Nicole Gilles.*

— « Sire, demanda maître Ogier au roi qui regardait
par la petite fenêtre de son oratoire le vieux Paris égayé
d'un rayon de soleil, oyez-vous point s'ébattre, dans la
cour de votre Louvre, ces passereaux gourmands emmi
cette vigne rameuse et feuillue ?

— Oui-dà ! répondit le roi, c'est un ramage bien divertissant.

— Cette vigne est en votre courtil ; cependant point n'aurez-vous le profit de la cueillette, répliqua maître Ogier avec un bénin sourire : passereaux sont d'effrontés larrons, et tant leur plaît la picorée qu'ils seront toujours picoreurs. Ils vendangeront pour vous votre vigne.

— Oh ! nenni, mon compère ! je les chasserai, » s'écria le roi.

Il approcha de ses lèvres le sifflet d'ivoire qui pendait à un anneau de sa chaîne d'or, et en tira des sons si aigus et si perçants que les passereaux s'envolèrent dans les combles du palais.

— « Sire, dit alors maître Ogier, permettez que je déduise de ceci une affabulation. Ces passereaux sont vos nobles, cette vigne est le peuple. Les uns banquètent aux dépens de l'autre. Sire, qui gruge le vilain gruge le seigneur. Assez de déprédations ! Un coup de sifflet, et vendangez vous-même votre vigne. »

Maître Ogier roulait sur ses doigts d'un air embarrassé la corne de son bonnet. Charles VI hocha tristement la tête, et serrant la main au bourgeois de Paris : — « Vous êtes un preud'homme, » soupira-t-il.

II

LA POTERNE DU LOUVRE

> Ce nain était paresseux, fantasque et méchant; mais il était fidèle, et ses services étaient agréables à son maître.
> WALTER SCOTT. — *Le Lai du Ménestrel.*

Cette petite lumière avait traversé la Seine gelée, sous la tour de Nesle, et maintenant elle n'était plus éloignée que d'une centaine de pas, dansant parmi le brouillard, ô prodige infernal ! avec un grésillement semblable à un rire moqueur.

— « Qui est-ce là ? » cria le suisse de garde au guichet de la poterne du Louvre.

La petite lumière se hâtait d'approcher et ne se hâtait pas de répondre. Mais bientôt apparut une figure de nabot, habillée d'une tunique à paillettes d'or, et coiffée d'un bonnet à grelot d'argent, dont la main balançait un rouge lumignon dans les losanges vitrés d'une lanterne.

— « Qui est-ce là ? » répéta le suisse d'une voix tremblante, son arquebuse couchée en joue.

Le nain moucha la bougie de sa lanterne, et l'arquebusier distingua des traits ridés et amaigris, des yeux brillants de malice, et une barbe blanche de givre.

— « Ohé ! ohé ! l'ami, gardez-vous bien de bouter le feu à votre escopette. Là, là ! sang de Dieu ! vous ne respirez que mort et carnage ! » s'écria le nain, d'une voix non moins émue que celle du montagnard.

— « L'ami vous-même ! Ouf ! Mais qui donc êtes-vous ? » demanda le suisse un peu rassuré. Et il replaçait à son chapeau de fer la mèche de son arquebuse.

— « Mon père est le roi Nacbuc et ma mère la reine Nacbuca. Ioup ! ioup ! iou ! » répondit le nain, tirant la langue d'un empan, et pirouettant deux tours sur un pied.

Cette fois le soudard claqua des dents. Heureusement il se ressouvint qu'il avait un chapelet pendu à son ceinturon de buffle.

— « Si votre père est le roi Nacbuc, *pater noster*, et votre mère la reine Nacbuca, *qui es in cœlis*, vous êtes donc le diable, *sanctificetur nomen tuum?* balbutia-t-il, demi-mort de frayeur.

— Eh non! dit le porte-falot, je suis le nain de monseigneur le roi qui arrive cette nuit de Compiègne et qui me dépêche devant pour faire ouvrir la poterne du Louvre. Le mot de passe est : Dame Anne de Bretagne et saint Aubin du Cormier. »

III

LES FLAMANDS

> Les Flamands, gent mutine et félue.
> *Mémoires d'Olivier de la Marche.*

La bataille durait depuis none, quand ceux de Bruges lâchèrent le pied et tournèrent le dos. Il y eut alors, d'une part si épais désarroi, et de l'autre si rude poursuite, qu'au passage du pont, bon nombre de révoltés croulèrent pêle-mêle, hommes, étendards, chariots, dans la rivière.

Le comte entra le lendemain dans Bruges avec une merveilleuse cohue de chevaliers. Le précédaient ses hérauts d'armes, qui sonnaient horriblement de la trompette. Quelques pillards, la dague au poing, couraient çà et là, et devant eux fuyaient des pourceaux épouvantés.

C'est vers l'hôtel de ville que se dirigeait la cavalcade hennissante. Là s'agenouillèrent le bourgmestre et les échevins, criant merci, mantels et chaperons par terre. Mais le comte avait juré, les deux doigts sur la Bible, d'exterminer le sanglier rouge dans sa bauge.

— « Monseigneur !

— Ville brûlée !

— Monseigneur !

— Bourgeois pendus ! »

On ne bouta le feu qu'à un faubourg de la ville, on ne brancha aux gibets que les capitaines de la milice, et le sanglier rouge fut effacé des bannières. Bruges s'était racheté cent mille écus d'or.

IV

LA CHASSE

(1412)

—

> Allons courre un petit le cerf, ce luy dit-il.
> *Poésies inédites.*

Et la chasse allait, allait, claire étant la journée, par les monts et les vaux, par les champs et les bois ; les varlets courant, les trompes fanfarant, les chiens aboyant, les faucons volant, et les deux cousins côte à côte chevauchant, et perçant de leurs épieux cerfs et sangliers dans la ramée, de leurs arbalètes hérons et cigognes dans les airs.

— « Cousin, dit Hubert à Regnault, il me semble que, pour avoir scellé notre paix ce matin, vous n'êtes guère en gaîté de cœur !

— Oui-dà ! » lui répondit-on.

Regnault avait l'œil rouge d'un fou ou d'un damné ; Hubert était soucieux ; et la chasse toujours allait, toujours allait, claire étant la journée, par les monts et les vaux, par les champs et les bois.

Mais voilà que soudain une troupe de gens de pied, embusqués dans la baume des fées, se rua, la lance bas, sur la chasse joyeuse. Regnault dégaîna son épée, et ce fut, — signez-vous d'horreur ! — pour en bailler plusieurs coups au travers du corps de son cousin qui vida les étriers.

— « Tue, tue ! » criait le Ganelon.

Notre-Dame ! quelle pitié ! — Et la chasse n'allait plus, claire étant la journée, par les monts et les vaux, par les champs et les bois.

Devant Dieu soit l'âme d'Hubert, sire de Maugiron, piteusement meurtri le troisième jour de juillet, l'an quatorze cent douze ; et les diables aient l'âme de Regnault, sire de l'Aubépine, son cousin et son meurtrier ! Amen.

V

LES REITRES

—

> Or, un jour Hilarion fut tenté par un démon fe-
> melle, qui lui présenta une coupe de vin et des
> fleurs.
>
> *Vies des Pères du Désert.*

Trois reîtres noirs, troussés chacun d'une bohémienne, essayaient, vers minuit, de s'introduire au moustier avec la clef de quelque ruse.

— « Hôlà ! hôlà ! »

C'était un d'eux qui se haussait debout sur l'étrier.

— « Hôlà ! un gîte contre l'orage ! Quelle méfiance avez-vous ? Regardez au pertuis. Ces mignonnes qui nous lient en croupe, ces barillets que nous guindons en bandoulière, ne sont-ce point filles de quinze ans et vin à boire ! »

Le moustier semblait dormir.

— « Holà ! holà ! »

C'était une d'elles grelottant de froid.

— Holà ! un gîte, au nom de la benoîte mère du Sauveur ! Nous sommes des pèlerins fourvoyés. La vitre de nos reliquaires, le bord de nos chaperons, les plis de nos manteaux ruissellent de pluie, et nos destriers qui trébuchent de fatigue ont perdu leurs fers par les chemins. »

Une clarté rayonna au mitan fendu de la porte.

— « Arrière, démons de la nuit ! »

C'étaient le prieur et ses moines processionnellement armés de cierges.

— « Arrière, filles du mensonge ! Dieu nous garde, si vous êtes chair et os et si vous n'êtes pas fantômes, d'héberger en notre pourpris des païennes ou, tout au moins, des schismatiques !

— « Sus ! sus ! — crièrent les ténébreux cavaliers, — sus ! sus ! » Et leur galop fut balayé au loin dans le tourbillon du vent, de la rivière et des bois.

— « Rebouter ainsi des pécheresses de quinze ans, que nous aurions induites en pénitence ! » grommelait un jeune moine blond et bouffi comme un chérubin.

— « Frère, lui murmura l'abbé dans le cornet de l'oreille, vous oubliez que madame Aliénor et sa nièce nous attendent là-haut pour les confesser. »

VI

LES GRANDES COMPAGNIES

(1364)

> Urbem ingredientur, per muros current, domos conscendent, per fenestras intrabunt quasi fur.
> Le prophete JOEL, chap. II, v. 9.

I

Quelques maraudeurs, égarés dans les bois, se chauffaient à un feu de veille, autour duquel s'épaississaient la ramée, les ténèbres et les fantômes.

— « Oyez la nouvelle ! dit un arbalétrier. Le roi Charles cinquième nous dépêche messire Bertrand du Guesclin avec des paroles d'appointement; mais on n'englue pas le diable comme un merle à la pipée. »

Ce ne fut qu'un rire dans la bande, et cette gaieté sauvage redoubla encore, lorsqu'une cornemuse qui se désenflait pleurnicha comme un marmot à qui perce une dent.

— « Qu'est ceci ? répliqua enfin un archer, n'êtes-vous pas las de cette vie oisive ? Avez-vous pillé assez de châteaux, assez de monastères ? Moi je ne suis ni saoûl, ni repu. Foin de Jacques d'Arquiel, notre capitaine !... Le loup n'est plus qu'un lévrier... Et vive messire Bertrand du Guesclin, s'il me soudoie à ma taille, et me rue par les guerres ! »

Ici la flamme des tisons rougeoya et bleuit, et les faces des routiers bleuirent et rougeoyèrent. Un coq chanta dans une ferme.

— « Le coq a chanté, et saint Pierre a renié Notre-Seigneur. » marmotta l'arbalétrier en se signant.

II

— « Noël ! noël ! Par ma gaîne il pleut des carolus ! Je vous en bâillerai à chacun une boisselée.

— Point de gabe ?

— Foi de chevalerie !

— Et qui vous baillera, à vous, si grosse chevance?

— La guerre.

— Où?

— Es Espagnes. Mécréants y remuent l'or à la pelle, y ferrent d'or leurs haquenées. Le voyage vous duit-il? Nous rançonnerons au pourchas les Maures qui sont des Philistins!

— C'est loin, messire, les Espagnes!

— Vous avez des semelles à vos souliers.

— Cela ne suffit pas.

— Les argentiers du roi vous compteront cent mille florins, pour vous bouter le cœur au ventre.

— Tope! nous rangeons autour des fleurs de lys de votre bannière la branche d'épine de nos bourguignotes. Que ramage la ballade?

<blockquote>
Oh! du routier
Le gai métier!
</blockquote>

— Eh bien! vos tentes sont-elles abattues? vos basternes sont-elles chargées? Décampons... Oui, mes soudrilles, plantez ici à votre départ un gland, il sera à votre retour un chêne! »

Et l'on entendait aboyer les meutes de Jacques d'Arquiel qui courait le cerf à mi-côte.

III

Les routiers étaient en marche, s'éloignant par troupes, l'haquebutte sur l'épaule. Un archer se querellait à l'arrière-garde avec un juif.

L'archer leva trois doigts.

Le juif en leva deux.

L'archer lui cracha au visage.

Le juif essuya sa barbe.

L'archer leva trois doigts.

Le juif en leva deux.

L'archer lui détacha un soufflet.

Le juif leva trois doigts.

— « Deux carolus, ce pourpoint, larron ! s'écria l'archer.

— Miséricorde ! en voici trois ! » s'écria le juif.

C'était un magnifique pourpoint de velours, broché d'un cor de chasse d'argent sur les manches. Il était troué et sanglant.

A M. P.-J. David, statuaire

VII

LES LÉPREUX

> N'approche mie do cés lieux :
> Cy est le chenil du lépreux.
> *Le Lai du Lépreux.*

Chaque matin, dès que les ramées avaient bu l'aiguail, roulait sur ses gonds la porte de la Maladrerie, et les lépreux, semblables aux antiques anachorètes, s'enfonçaient tout le jour parmi le désert, vallées adamites, édens primitifs, dont les perspectives lointaines, tranquilles, vertes et boisées, ne se peuplaient que de biches broutant l'herbe fleurie, et que de hérons pêchant dans de clairs marécages.

Quelques-uns avaient défriché des courtils : une rose leur était plus odorante, une figue plus savoureuse, cultivées de leurs mains. Quelques autres courbaient des nasses d'osier, ou taillaient des hanaps de buis, dans des grottes de rocaille, ensablées d'une source vive et tapissées d'un liseron sauvage. C'est ainsi qu'ils cherchaient à tromper les heures si rapides pour la joie, si lentes pour la souffrance !

Mais il y en avait qui ne s'asseyaient même plus au seuil de la Maladrerie. Ceux-là, exténués, élanguis, dolents, qu'avait marqués d'une croix la science des mires, promenaient leur ombre entre les quatre murailles d'un cloître, hautes et blanches, l'œil sur le cadran solaire dont l'aiguille hâtait la fuite de leur vie et l'approche de leur éternité.

Et lorsque, adossés contre les lourds piliers, ils se plongeaient en eux-mêmes, rien n'interrompait le silence de ce cloître, sinon les cris d'un triangle de cigognes qui labouraient la nue, le sautillement du rosaire d'un moine qui s'esquivait par un corridor, et le râle de la crécelle des veilleurs qui, le soir, acheminaient d'une galerie ces mornes reclus à leurs cellules.

VIII

A UN BIBLIOPHILE

—

> Mes enfants, il n'y a plus de chevaliers que dans les livres.
> *Contes d'une grand'mère à ses petits enfants.*

Pourquoi restaurer les histoires vermoulues et poudreuses du moyen-âge, lorsque la chevalerie s'en est allée pour toujours, accompagnée des concerts de ses ménestrels, des enchantements de ses fées, et de la gloire de ses preux ?

Qu'importent à ce siècle incrédule nos merveilleuses légendes : saint Georges rompant une lance contre Charles VII au tournoi de Luçon, le Paraclet descendant à la vue de tous sur le concile de Trente assemblé, et le

Juif errant abordant près de la cité de Langres l'évêque Gotzelin, pour lui raconter la passion de Notre-Seigneur ?

Les trois sciences du chevalier sont aujourd'hui méprisées. Nul n'est plus curieux d'apprendre quel âge a le gerfaut qu'on chaperonne, de quelles pièces le bâtard écartèle son écu, et à quelle heure de la nuit Mars entre en conjonction avec Vénus.

Toute tradition de guerre ou d'amour s'oublie, et mes fables n'auraient pas même le sort de la complainte de Geneviève de Brabant, dont le colporteur d'images ne sait plus le commencement et n'a jamais su la fin.

ICI FINIT LE QUATRIÈME
LIVRE DES FANTAISIES
DE GASPARD
DE LA
NUIT

ICI COMMENCE LE CINQUIÈME
LIVRE DES FANTAISIES
DE GASPARD
DE LA
NUIT

ESPAGNE ET ITALIE

I

LA CELLULE

> L'Espagne, pays classique des imbroglios, des coups
> de stylet, des sérénades et des auto-da-fés.
> *Extrait d'une Revue littéraire.*

> Et je n'entendrai plus
> Les verroux se fermer sur l'éternel reclus.
> ALFRED DE VIGNY. — *La Prison.*

Les moines tondus se promènent là-bas, silencieux et méditatifs, un rosaire à la main, et mesurent lentement, de piliers en piliers, de tombes en tombes, le pavé du cloître qu'habite un faible écho.

Toi, sont-ce là de tes loisirs, jeune reclus qui, seul dans ta cellule, t'amuses à tracer des figures diaboliques sur les pages blanches de ton livre d'oraisons, et à farder d'une ocre impie les joues osseuses de cette tête de mort?

Il n'a pas oublié, le jeune reclus, que sa mère est une gitana, que son père est un chef de voleurs; et il aimerait mieux entendre, au point du jour, la trompette sonner le boute-selle pour monter à cheval, que la cloche tinter matines pour courir à l'église.

Il n'a pas oublié qu'il a dansé le boléro sous les rochers de la sierra de Grenade, avec une brune aux boucles d'oreilles d'argent, aux castagnettes d'ivoire; et il aimerait mieux faire l'amour dans le camp des bohémiens, que prier Dieu dans le couvent.

Une échelle a été tressée en secret de la paille du grabat; deux barreaux ont été sciés sans bruit par la lime sourde; et du couvent à la sierra de Grenade, il y a moins loin que de l'enfer au paradis.

Aussitôt que la nuit aura clos tous les yeux, endormi tous les soupçons, le jeune reclus rallumera sa lampe, et s'échappera de sa cellule à pas furtifs, un tromblon sous sa robe.

II

LES MULETIERS

> Celui-ci n'interrompait sa longue romance que pour encourager ses mules en leur donnant le nom de belles et valeureuses, ou pour les gourmander en les appelant paresseuses et obstinées.
>
> CHATEAUBRIAND. — *La dernier Abencerage*.

Elles égrainent le rosaire ou nattent leurs cheveux, les brunes Andalouses nonchalamment bercées au pas de leurs mules; quelques-uns des arrièros chantent le cantique des pèlerins de Saint-Jacques, répété par les cent cavernes de la sierra; les autres tirent des coups de carabine contre le soleil.

— « Voici la place, dit un des guides, où nous avons

enterré la semaine dernière José Matéos, tué d'une balle à la nuque, dans une attaque de brigands. La fosse a été fouillée, et le corps a disparu.

— Le corps n'est pas loin, dit un muletier, je l'aperçois qui flotte au fond de la ravine, gonflé d'eau comme une outre.

— Notre-Dame d'Atocha, protégez-nous! s'écriaient les brunes Andalouses nonchalamment bercées au pas de leurs mules.

— Quelle est cette hutte à la pointe d'une roche? demanda un hidalgo par la portière de sa chaise. Est-ce la cabane des bûcherons qui ont précipité dans le gouffre écumeux du torrent ces gigantesques troncs d'arbres, ou celle des bergers qui paissent leurs chèvres exténuées sur ces pentes stériles?

— C'est, répondit un muletier, la cellule d'un vieil ermite qui a été trouvé mort, cet automne, en son lit de feuilles. Une corde lui serrait le cou, et la langue lui pendait hors de la bouche.

— Notre-Dame d'Atocha, protégez-nous! s'écriaient les brunes Andalouses nonchalamment bercées au pas de leurs mules.

— Ces trois cavaliers, cachés dans leurs manteaux, qui, passant près de nous, nous ont si bien observés, ne sont pas des nôtres. Qui sont-ils? demanda un moine à la barbe et à la robe toutes poudreuses.

— Si ce ne sont, répondit un muletier, des alguazils du village de Cienfugos, en tournée, ce sont des voleurs qu'aura envoyés à la découverte l'infernal Gil Pueblo, leur capitaine.

— Notre-Dame d'Atocha, protégez-nous! s'écriaient les brunes Andalouses nonchalamment bercées au pas de leurs mules.

— Avez-vous entendu ce coup d'espingole qu'on a lâché là-haut parmi les broussailles? demanda un marchand d'encre, si pauvre qu'il cheminait pieds nus. Voyez! la fumée s'évapore dans l'air!

— Ce sont, répondit un muletier, nos gens qui battent les buissons à la ronde, et brûlent des amorces pour amuser les brigands. Senors et senorines, courage, et piquez des deux!

— Notre-Dame d'Atocha, protégez-nous! » s'écriaient les brunes Andalouses nonchalamment bercées au pas de leurs mules.

Et tous les voyageurs prirent le galop, au milieu d'un nuage de poussière qu'enflammait le soleil; les mules défilaient entre d'énormes blocs de granit, le torrent mugissait dans de bouillonnants entonnoirs, les forêts pliaient avec d'immenses craquements, et de ces profondes solitudes que remuait le vent sortaient des voix confusément menaçantes, qui tantôt s'approchaient, tantôt s'éloignaient, comme si une troupe de voleurs rôdait aux environs.

III

LE MARQUIS D'AROCA

—

> Mets-toi voleur de grand chemin, tu gagneras ta vie.
> CALDERON.

Qui n'aime, aux jours de la canicule, dans les bois, lorsque les geais criards se disputent la ramée et l'ombre, un lit de mousse, et la feuille à l'envers du chêne?

—

Les deux larrons bâillèrent, demandant l'heure au bohémien qui les poussait du pied comme des pourceaux.

— « Debout! répondit celui-ci, debout! Il est l'heure de décamper. Le marquis d'Aroca flaire notre piste avec six alguazils.

— Qui ? Le marquis d'Aroca dont j'ai escamoté la montre, à la procession des révérends pères dominicains de Santillane! dit l'un.

— Le marquis d'Aroca dont j'ai enfourché la mule à la foire de Salamanque! dit l'autre.

— Lui-même, répliqua le gitano ; hâtons-nous de gagner le couvent des trappistes, pour nous y cacher une neuvaine sous le froc !

— Halte-là ! un moment ! rendez-moi d'abord ma montre et ma mule ! »

C'était le marquis d'Aroca, à la tête de ses six alguazils, lequel écartait d'une main le feuillage blanc des noisetiers, et de l'autre signalt au front les brigands de la pointe de son épée.

IV

HENRIQUEZ

—

> Je le vois bien, il est dans ma destinée d'être pendu ou marié.
>
> LOPE DE VEGA.

« Il y a un an que je vous commande, leur dit le capitaine ; qu'un autre me succède. J'épouse une riche veuve de Cordoue, et je renonce au stylet du brigand pour la baguette du corrégidor. »

Il ouvrit le coffre : c'était le trésor à partager : pêle-mêle des vases sacrés, des bijoux, des quadruples, une pluie de perles et une rivière de diamants.

« A toi, Henriquez, les boucles d'oreilles et la bague du marquis d'Aroca! à toi qui l'as tué d'un coup de carabine dans sa chaise de poste ! »

Henriquez coula à son doigt la topaze ensanglantée, et pendit à ses oreilles les améthystes taillées en forme de gouttes de sang.

Tel fut le sort de ces boucles d'oreilles dont s'était parée la duchesse de Médina-Cœli, et qu'Henriquez, un mois plus tard, donna, en échange d'un baiser, à la fille du geôlier de la prison !

Tel fut le sort de cette bague qu'un hidalgo avait achetée d'un émir, au prix d'une blanche cavale, et dont Henriquez paya un verre d'eau-de-vie, quelques minutes avant d'être pendu !

V

L'ALERTE

> Ne se séparant jamais plus de sa carabine que donn
> Inès de la bague du bien-aimé.
> *Chanson espagnole.*

La posada (1), un paon sur son toit, allumait ses vitres à l'incendie lointain du soleil couchant, et le sentier serpentait lumineux dans la montagne.

« Chut ! n'avez-vous rien entendu, vous autres ? demanda un des guérillas, collant son oreille à la fente du volet.

(1) Petite hôtellerie espagnole.

— Ma mule, répondit un arriéro, a fait un pet dans l'écurie.

— Gavache ! s'écria le brigand, est-ce pour un pet de ta mule que j'arme cette carabine ? Alerte ! alerte ! Une trompette ! voici les dragons jaunes ! »

Et soudain, aux chocs des pots, aux grincements de la guitare, au rire des servantes, au brouhaha de la foule, succéda un silence à travers lequel eût bourdonné le vol d'une mouche.

Mais ce n'était que la corne d'un vacher. Les arriéros, avant de brider leurs mules pour gagner le large, achevèrent leur outre à moitié bue ; et les bandits, qu'agaçaient en vain les grasses maritornes de la noire hôtellerie, grimpèrent aux soupentes, en bâillant d'ennui, de fatigue et de sommeil.

VI

PADRE PUGNACCIO

> Rome est une ville où il y a plus de sbires que de citadins, plus de moines que de sbires.
> *Voyage en Italie.*
>
> Rira bien qui rira le dernier.
> *Proverbe populaire.*

Padre Pugnaccio, le crâne hors du capuce, montait les escaliers du dôme de Saint-Pierre, entre deux dévotes enveloppées de mantilles; et on entendait les cloches et les anges se quereller dans la nue.

L'une des dévotes, — c'était la tante, — récitait un *Ave* sur chaque grain de son rosaire; et l'autre, — c'était la nièce, — lorgnait du coin de l'œil un joli officier des gardes du pape.

Le moine marmottait à la vieille femme : « Dotez mon couvent. » Et l'officier glissait à la jeune fille un billet doux musqué.

La pécheresse essuyait quelques larmes ; l'ingénue rougissait de plaisir ; le moine calculait mille piastres à douze pour cent d'intérêt, et l'officier retroussait le poil de sa moustache dans un miroir de poche.

Et le diable, tapi dans la grande manche de padre Pugnaccio, ricana comme Polichinelle !

VII

LA CHANSON DU MASQUE

> Venise au visage de masque.
> LORD BYRON.

Ce n'est point avec le froc et le chapelet, c'est avec le tambour de basque et l'habit de fou que j'entreprends, moi, la vie, ce pélerinage à la mort !

Notre troupe bruyante est accourue sur la place Saint-Marc, de l'hôtellerie du signor Arlecchino, qui nous avait tous conviés à un régal de macarons à l'huile et de polenta à l'ail.

Marions nos mains, toi qui, monarque éphémère, ceins la couronne de papier doré, et vous, ses grotesques sujets, qui lui formez un cortège de vos manteaux de mille pièces, de vos barbes de filasse et de vos épées de bois.

Marions nos mains pour chanter et danser une ronde, oubliés de l'inquisiteur, à la splendeur magique des girandoles de cette nuit rieuse comme le jour.

Chantons et dansons, nous qui sommes joyeux, tandis que ces mélancoliques descendent le canal sur le banc des gondoliers, et pleurent en voyant pleurer les étoiles.

Dansons et chantons, nous qui n'avons rien à perdre ; et que, derrière le rideau où se dessine l'ennui de leurs fronts penchés, nos patriciens jouent d'un coup de cartes palais et maîtresses !

ICI FINIT LE CINQUIÈME
LIVRE DES FANTAISIES
DE GASPARD
DE LA
NUIT

ICI COMMENCE LE SIXIÈME
LIVRE DES FANTAISIES
DE GASPARD
DE LA
NUIT

SILVES

I

MA CHAUMIÈRE

> En automne, les grives viendraient s'y reposer, attirées par les baies au rouge vif du sorbier des oiseleurs.
>
> *Le baron* R. MONTHERMÉ.

> Levant ensuite les yeux, la bonne vieille vit comme la bise tourmentait les arbres et dissipait les traces des corneilles qui sautaient sur la neige autour de la grange.
>
> *Le poëte allemand* VOSS. — *Idylle XIII.*

Ma chaumière aurait, l'été, la feuillée de bois pour parasol, et l'automne, pour jardin, au bord de la fenêtre, quelque mousse qui enchâsse les perles de la pluie, et quelque giroflée qui fleure l'amande.

Mais l'hiver, quel plaisir! quand le matin aurait secoué ses bouquets de givre sur mes vitres gelées, d'apercevoir bien loin, à la lisière de la forêt, un voyageur qui va toujours s'amoindrissant, lui et sa monture, dans la neige et la brume.

Quel plaisir! le soir, de feuilleter sous le manteau de la cheminée flambante et parfumée d'une bourrée de genièvre, les preux et les moines des chroniques, si merveilleusement portraits qu'ils semblent, les uns joûter, les autres prier encore.

Et quel plaisir! la nuit, à l'heure douteuse et pâle qui précède le point du jour, d'entendre mon coq s'égosiller dans le gelinier, et le coq d'une ferme lui répondre faiblement, sentinelle juchée aux avant-postes du village endormi.

Ah! si le roi nous lisait dans son Louvre, — ô ma muse inabritée contre les orages de la vie, — le seigneur suzerain de tant de fiefs qu'il ignore le nombre de ses châteaux, ne nous marchanderait pas une chaumine!

II

JEAN DES TILLES

—

C'est le tronc du vieux saule et ses rameaux penchants.
H. DE LATOUCHE. — *Le Roi des Aulnes.*

« Ma bague, ma bague ! » — Et le cri de la lavandière effraya, dans la souche d'un saule, un rat qui filait sa quenouille.

Encore un tour de Jean des Tilles, l'ondin malicieux et espiègle qui ruisselle, se plaint et rit sous les coups redoublés du battoir !

Comme s'il ne lui suffisait pas de cueillir, aux épais massifs de la rive, les nèfles mûres qu'il noie dans le courant.

« Jean le voleur ! Jean qui pêche et qui seras pêché ! Petit Jean, friture que j'ensevelirai, blanc d'un linceul de farine, dans l'huile enflammée de la poêle ! »

Mais alors des corbeaux qui se balançaient à la verte flèche des peupliers, croassèrent dans le ciel moite et pluvieux.

Et les lavandières, troussées comme des piqueurs d'ablettes, enjambèrent le gué jonché de cailloux, d'écume, d'herbes et de glaïeuls.

A M. le baron R.

III

OCTOBRE

> Adieu, derniers beaux jours!
> ALPH. DE LAMARTINE. — *L'Automne*.

Les petits Savoyards sont de retour, et déjà leur cri interroge l'écho sonore du quartier; comme les hirondelles suivent le printemps, ils précèdent l'hiver.

Octobre, le courrier de l'hiver, heurte à la porte de nos demeures. Une pluie intermittente inonde la vitre offusquée, et le vent jonche des feuilles mortes du platane le perron solitaire.

Voici venir ces veillées de famille si délicieuses quand tout au dehors est neige, verglas et brouillards, et que les jacinthes fleurissent sur la cheminée à la tiède atmosphère du salon.

Voici venir la Saint-Martin et ses brandons, Noël et ses bougies, le jour de l'an et ses joujoux, les Rois et leur fève, le Carnaval et sa marotte.

Et Pâques enfin, Pâques aux hymnes matinales et joyeuses, Pâques dont les jeunes filles reçoivent la blanche hostie et les œufs rouges !

Alors un peu de cendre aura effacé de nos front l'ennui de six mois d'hiver, et les petits Savoyards salueront du haut de la colline le hameau natal.

IV

SUR LES ROCHERS DE CHÈVREMORTE (1)

> Et moi aussi j'ai été déchiré par les épines de ce désert, et j'y laisse chaque jour quelque partie de ma dépouille.
>
> *Les Martyrs*, livre X.

Ce n'est point ici qu'on respire la mousse des chênes et les bourgeons du peuplier, ce n'est point ici que les brises et les eaux murmurent d'amour ensemble.

Aucun baume, le matin après la pluie, le soir aux heures de la rosée ; et rien pour charmer l'oreille, que le cri du petit oiseau qui quête un brin d'herbe.

(1) A une demi-lieue de Dijon.

Désert qui n'entend plus la voix de Jean-Baptiste! Désert que n'habitent plus ni les hermites ni les colombes!

Ainsi mon âme est une solitude où, sur le bord de l'abîme, une main à la vie et l'autre à la mort, je pousse un sanglot désolé.

Le poëte est comme la giroflée qui s'attache frêle et odorante au granit, et demande moins de terre que de soleil.

Mais hélas ! je n'ai plus de soleil, depuis que se sont fermés les yeux si charmants qui réchauffaient mon génie !

22 juin 1832.

V

ENCORE UN PRINTEMPS

—

> Toutes les pensées, toutes les passions qui agitent
> le cœur mortel sont les esclaves de l'amour.
> COLERIDGE.

Encore un printemps, — encore une goutte de rosée, qui se bercera un moment dans mon calice amer, et qui s'en échappera comme une larme.

O ma jeunesse ! tes joies ont été glacées par les baisers du temps, mais tes douleurs ont survécu au temps qu'elles ont étouffé sur leur sein.

Et vous qui avez parfilé la soie de ma vie, ô femme ! s'il y a eu dans mon roman d'amour quelqu'un de trompeur, ce n'est pas moi ! quelqu'un de trompé, ce n'est pas vous !

O printemps ! petit oiseau de passage, notre hôte d'une saison, qui chantes mélancoliquement dans le cœur du poëte et dans la ramée du chêne !

Encore un printemps ! — encore un rayon du soleil de mai au front du jeune poëte, parmi le monde ; au front du vieux chêne, parmi les bois !

Paris, 11 mai 1836.

A M. A. de Latour

VI

LE DEUXIÈME HOMME

> Et nunc, Domine, tolle, quæso, animam meam à
> me, quia melior est mihi mors quam vita.
> JONAS, cap. IV, v. 3.
>
> J'en jure par la mort, dans un monde pareil,
> Non, je ne voudrais par rajeunir d'un soleil.
> ALPH. DE LAMARTINE. — *Méditations*.

Enfer! — Enfer et paradis! — cris de désespoir! cris de joie! — blasphèmes des réprouvés! concerts des élus! — âmes des morts, semblables aux chênes de la montagne, déracinés par les démons! âmes des morts, semblables aux fleurs de la vallée, cueillies par les anges!

Soleil, firmament, terre et homme, tout avait commencé, tout avait fini. Une voix secoua le néant : — « Soleil ? appela cette voix, du seuil de la radieuse Jérusalem. — Soleil ? répétèrent les échos de l'inconsolable Josaphat. » — Et le soleil ouvrit ses cils d'or sur le chaos des mondes.

Mais le firmament pendait comme un lambeau d'étendard : — « Firmament ? appela cette voix, du seuil de la radieuse Jérusalem. — Firmament ? répétèrent les échos de l'inconsolable Josaphat. » — Et le firmament déroula aux vents ses plis de pourpre et d'azur.

Mais la terre voguait à la dérive, comme un navire foudroyé qui ne porte dans ses flancs que des cendres et des ossements : — « Terre ? appela cette voix, du seuil de la radieuse Jérusalem. — Terre ? répétèrent les échos de l'inconsolable Josaphat. » — Et la terre ayant jeté l'ancre, la nature s'assit, couronnée de fleurs, sous le porche des montagnes aux cent mille colonnes.

Mais l'homme manquait à la création, et triste étaient la terre et la nature, l'une de l'absence de son roi, l'autre de l'absence de son époux : — « Homme ? appela cette voix, du seuil de la radieuse Jérusalem. — Homme ? répétèrent les échos de l'inconsolable Josaphat. » — Et l'hymne de délivrance et de grâces ne brisa point le sceau dont la mort avait plombé les lèvres de l'homme endormi pour l'éternité dans le lit du sépulcre.

« Ainsi soit-il ! dit cette voix, et le seuil de la radieuse Jérusalem se voila de deux sombres ailes.—Ainsi soit-il ! » répétèrent les échos, et l'inconsolable Josaphat continua de pleurer. — Et la trompette de l'archange sonna d'abîme en abime, tandis que tout croulait avec un fracas et une ruine immense, le firmament, la terre et le soleil, faute de l'homme, cette pierre angulaire de la création !

ICI FINIT LE SIXIÈME ET DERNIER
LIVRE DES FANTAISIES
DE GASPARD
DE LA
NUIT

A M. SAINTE-BEUVE

—

>Je prierai les lecteurs de ce mien labeur qu'ils veuillent prendre en bonne part tout ce que j'y ai escrit.
>
>**Mémoires du SIRE DE JOINVILLE.**

L'homme est un balancier qui frappe une monnaie à son coin. Le quadruple porte l'empreinte de l'empereur; la médaille, du pape; le jeton, du fou.

Je marque mon jeton à ce jeu de la vie où nous perdons coup sur coup, et où le diable, pour en finir, râfle joueurs, dés et tapis vert.

L'empereur dicte ses ordres à ses capitaines, le pape adresse des bulles à la chrétienté, et le fou écrit un livre.

Mon livre, le voilà tel que je l'ai fait et tel qu'on doit le lire, avant que les commentateurs ne l'obscurcissent de leurs éclaircissements.

Mais ce ne sont point ces pages souffreteuses, humble labeur ignoré des jours présents, qui ajouteront quelque lustre à la renommée poétique des jours passés.

Et l'églantine du ménestrel sera fanée, que fleurira toujours la giroflée, chaque printemps, aux gothiques fenêtres des châteaux et des monastères.

Paris, 20 septembre 1836.

PIÈCES DÉTACHÉES

(EXTRAITES DU PORTEFEUILLE DE L'AUTEUR)

LE BEL ALCADE

> Il me disait, le bel alcade :
> « Tant que pendra sur la cascade
> Le saule aux rameaux chevelus,
> Tu seras, vierge qui console,
> Et mon étoile et ma boussole. »
> Pourquoi pend donc encor le saule,
> Et pourquoi ne m'aime-t-il plus?
>
> *Romance espagnole.*

C'est pour te suivre, ô bel alcade, que je me suis exilée de la terre des parfums, où gémissent de mon absence mes compagnes dans les prairies, mes colombes dans le feuillage des palmiers.

Ma mère, ô bel alcade, tendit de sa couche de douleurs la main vers moi ; cette main retomba glacée, et je ne m'arrêtai pas au seuil pour pleurer ma mère qui n'était plus.

Je n'ai point pleuré, ô bel alcade, lorsque le soir, seule avec toi, et notre barque errant loin du bord, les brises embaumées de ma patrie traversaient les flots pour venir me trouver.

J'étais, disais-tu alors dans tes ravissements, ô bel alcade, j'étais plus charmante que la lune, sultane du sérail aux mille lampes d'argent.

Tu m'aimais, ô bel alcade, et j'étais fière et heureuse : depuis que tu me repousses, je ne suis plus qu'une humble pécheresse qui confesse en pleurant la faute qu'elle a commise.

Quand donc, ô bel alcade, sera-t-elle écoulée, ma source de larmes amères ? Quand l'eau de la fontaine du roi Alphonse ne sera plus vomie par la gueule des lions.

L'ANGE ET LA FÉE

Une fée est cachée en tout ce que tu vois.
VICTOR HUGO.

Une fée parfume la nuit mon sommeil fantastique des plus fraîches, des plus tendres haleines de juillet, — cette même bonne fée qui replante en son chemin le bâton du vieil aveugle égaré, et qui essuie les larmes, guérit la douleur de la petite glaneuse dont une épine a blessé le pied nu.

La voici, me berçant comme un héritier de l'épée ou de la harpe, et écartant de ma couche, avec une plume de paon, les esprits qui me dérobaient mon âme pour la noyer dans un rayon de la lune ou dans une goutte de rosée.

La voici, me racontant quelqu'une de ses histoires des vallées et des montagnes, soit les amours mélancoliques des fleurs du cimetière, soit les joyeux pélerinages des oiseaux à Notre-Dame-des-Cornouillers.

—

Mais tandis qu'elle me veillait endormi, un ange, qui descendait les ailes frémissantes du temps étoilé, posa un pied sur la rampe du gothique balcon, et heurta de sa palme d'argent aux vitraux peints de la haute fenêtre.

Un séraphin, une fée, qui s'étaient enamourés naguère l'un de l'autre au chevet d'une jeune mourante, qu'elle avait douée à sa naissance de toutes les grâces des vierges, et qu'il porta expirée dans les délices du Paradis !

La main qui berçait mes rêves s'était retirée avec mes rêves eux-mêmes. J'ouvris les yeux. Ma chambre aussi profonde que déserte s'éclairait silencieusement des nébulosités de la lune, et le matin, il ne me reste plus des affections de la bonne fée que cette quenouille; encore ne suis-je pas sûr qu'elle ne soit pas de mon aïeule.

LA PLUIE

> Pauvre oiseau que le ciel bénit !
> Il écoute le vent bruire,
> Chante, et voit des gouttes d'eau luire
> Comme des perles dans son nid !
> VICTOR HUGO.

Et pendant que ruisselle la pluie, les petits charbonniers de la Forêt-Noire entendent, de leur lit de fougère parfumée, hurler au dehors la bise comme un loup.

Ils plaignent la biche fugitive que relancent les fanfares de l'orage, et l'écureuil tapi au creux d'un chêne, qui s'épouvante de l'éclair comme de la lampe du chasseur des mines.

Ils plaignent la famille des oiseaux, la bergeronnette qui n'a que son aile pour abriter sa couvée, et le rouge-gorge dont la rose, ses amours, s'effeuille au vent.

Ils plaignent jusques au ver luisant qu'une goutte de pluie précipite dans les océans d'un rameau de mousse.

Ils plaignent le pélerin attardé qui rencontre le roi Pialus et la reine Wilberta, car c'est l'heure où le roi mène boire son palefroi de vapeurs au Rhin.

Mais ils plaignent surtout les enfants fourvoyés qui se seraient engagés dans l'étroit sentier frayé par une troupe de voleurs, ou qui se dirigeraient vers la lumière lointaine de l'ogresse.

Et le lendemain, au point du jour, les petits charbonniers trouvèrent leur cabane de ramée, d'où ils pipaient les grives, couchée sur le gazon, et leurs gluaux noyés dans la fontaine.

LES DEUX ANGES

> Ces deux êtres qu'ici, la nuit, un saint mystère...
> VICTOR HUGO.

« Planons, lui disais-je, sur les bois que parfument les roses ; jouons-nous dans la lumière et l'azur des cieux, oiseaux de l'air, et accompagnons le printemps voyageur. »

La mort me la ravit échevelée et livrée au sommeil d'un évanouissement, tandis que, retombé dans la vie, je tendais en vain les bras à l'ange qui s'envolait.

Oh ! si la mort eût tinté sur notre couche les noces du cercueil, cette sœur des anges m'eût fait monter aux cieux avec elle, ou je l'eusse entraînée avec moi aux enfers !

Délirantes joies du départ pour l'ineffable bonheur de deux âmes qui, heureuses et s'oubliant partout où elles ne sont plus ensemble, ne songent plus au retour!

Mystérieux voyage de deux anges qu'on eût vus, au point du jour, traverser les espaces et recevoir sur leurs blanches ailes la fraîche rosée du matin!

Et dans le vallon, triste de notre absence, notre couche fût demeurée vide au mois des fleurs, nid abandonné sous le feuillage.

LE SOIR SUR L'EAU

> Bords où Venise est reine de la mer.
> ANDRÉ CHÉNIER.

La noire gondole se glissait le long des palais de marbre, comme un bravo qui court à quelque aventure de nuit, un stylet et une lanterne sous sa cape.

Un cavalier et une dame y causaient d'amour : — « Les orangers si parfumés, et vous si indifférente ! Ah ! signora, vous êtes une statue dans un jardin !

— Ce baiser est-il d'une statue, mon Georgio ? pourquoi boudez-vous ? — Vous m'aimez donc ? — Il n'est pas au ciel une étoile qui ne le sache, et tu ne le sais pas ?

— Quel est ce bruit ? — Rien, sans doute le clapotement du flot qui monte et descend une marche des escaliers de la Giudecca.

— Au secours ! au secours ! — Ah ! mère du Sauveur, quelqu'un qui se noie ! — Écartez-vous ; il est confessé, » dit un moine qui parut sur la terrasse.

Et la noire gondole força de rames, se glissant le long des palais de marbre, comme un bravo qui revient de quelque aventure de nuit, un stylet et une lanterne sous sa cape.

MADAME DE MONTBAZON

—

> Madame de Montbazon était une fort belle créature qui mourut d'amour, cela pris à la lettre, l'autre siècle, pour le chevalier de la Rûe qui ne l'aimait point.
>
> *Mémoires de* SAINT-SIMON.

La suivante rangea sur la table de laque un vase de fleurs et les flambeaux de cire, dont les reflets moiraient de rouge et de jaune les rideaux de soie bleue au chevet du lit de la malade.

« Crois-tu, Mariette, qu'il viendra? — Oh! dormez, dormez un peu, madame! — Oui, je dormirai bientôt, pour rêver à lui toute l'éternité! »

On entendit quelqu'un monter l'escalier : « Ah! si c'était lui! » murmura la mourante, en souriant, le papillon des tombeaux déjà sur les lèvres.

C'était un petit page qui apportait de la part de la reine, à madame la duchesse, des confitures, des biscuits et des élixirs, sur un plateau d'argent.

« Ah! il ne vient pas, dit-elle d'une voix défaillante, il ne viendra pas! Mariette, donne-moi une de ces fleurs, que je la respire et la baise pour l'amour de lui! »

Alors madame de Montbazon, fermant les yeux, demeura immobile. Elle était morte d'amour, rendant son âme dans le parfum d'une jacinthe.

L'AIR MAGIQUE DE JEHAN DE VITTEAUX

> C'est sans doute un des Coqueluchiers des Cornards
> d'Evreux, ou un de la confrérie des Enfants
> Sans-Souci de la ville de Paris, ou bien un méné-
> trier qui chante la langue d'oc.
> FERDINAND LANGLÉ. — *Fabel de la Dame de la belle Sagesse.*

La feuillée verte et touffue : un clerc du gai savoir qui voyage avec sa gourde et son rebec, et un chevalier armé d'une énorme épée, à couper en deux la tour de Montlhéry.

LE CHEVALIER. — « Halte-là ! ta gargoulette, vassal ; j'ai trois grains de sable dans le gosier.

LE MUSICIEN. — A votre plaisir, mais n'y buvez qu'un petit coup, d'autant que le vin est cher cette année.

Le chevalier (*faisant la grimace après avoir tout bu*). — Il est aigre ton vin ; tu mériterais, vassal, que je te brisasse ta gourde sur les oreilles. »

Le clerc du gai savoir approcha, sans mot dire, l'archet de son rebec, et joua l'air magique de Jehan de Vitteaux.

Cet air eût délié les jambes d'un paralytique. Or voilà que le chevalier dansait sur la pelouse, son épée appuyée contre l'épaule comme un hallebardier qui va-t-en guerre.

« Merci ! nécroman, » cria-t-il bientôt, hors d'haleine. Et il giguait toujours.

« Oui-dà ! payez-moi d'abord mon vin, ricana le musicien. Vos agneaux d'or, s'il vous plaît, ou je vous mène ainsi dansant, par les vallées et les bourgs, au pas d'armes de Marsannay !

— Tiens, — dit le chevalier, après avoir fouillé à son escarcelle, et détachant son cheval dont les rênes étaient passées au rameau d'un chêne, — tiens ! et m'étrangle le diable si je bois jamais à la calebasse d'un vilain ! »

LA NUIT D'APRÈS UNE BATAILLE

Et les corbeaux vont commencer.
VICTOR HUGO.

I

Une sentinelle, le mousquet au bras et enveloppée dans son manteau, se promène le long du rempart. Elle se penche entre les noirs créneaux, de moment en moment, et observe d'un œil attentif l'ennemi dans son camp.

II

Il allume les feux au bord des fossés pleins d'eau; le ciel est noir; la forêt est pleine de bruits; le vent chasse la fumée vers le fleuve et se plaint en murmurant dans les plis des étendarts.

III

Aucune trompette ne trouble l'écho; aucun chant de guerre n'est répété autour de la pierre du foyer; des lampes sont allumées dans les tentes au chevet des capitaines morts l'épée à la main.

IV

Mais voilà que la pluie ruisselle sur les pavillons; le vent qui glace la sentinelle engourdie, les hurlements des loups qui s'emparent du champ de bataille, tout annonce ce qui se passe d'étrange sur la terre et dans le ciel.

V

Toi qui reposes paisiblement au lit de la tente, souviens-toi toujours qu'il ne s'en est fallu peut-être aujourd'hui que d'un pouce de lame pour percer ton cœur.

VI

Tes compagnons d'armes, tombés avec courage au premier rang, ont acheté de leur vie la gloire et le salut de ceux qui bientôt les auront oubliés.

VII

Une sanglante bataille a été livrée; perdue ou gagnée, tout sommeille maintenant; mais combien de braves ne s'éveilleront plus ou ne se réveilleront demain que dans le ciel!

LA CITADELLE DE WOLGAST

— Où allez-vous? qui êtes-vous?
— Je suis porteur d'une lettre pour le lord général.
Woodstock. — WALTER SCOTT.

Comme elle est calme et majestueuse, la citadelle blanche sur l'Oder, tandis que de toutes ses embrasures les canons aboient contre la ville et le camp, et les couleuvrines dardent en sifflant leurs langues sur les eaux couleur de cuivre.

Les soldats du roi de Prusse sont maîtres de Wolgast, de ses faubourgs et de l'une et de l'autre rive du fleuve; mais l'aigle à deux têtes de l'empereur d'Allemagne berce encore ses ailerons dans les plis du drapeau de la citadelle.

Tout à coup, avec la nuit, la citadelle éteint ses soixante bouches à feu. Des torches s'allument dans les casemates, courent sur les bastions, illuminent les tours et les eaux, et une trompette gémit dans les créneaux comme la trompette du Jugement.

Cependant la poterne de fer s'ouvre, un soldat s'élance dans une barque et rame vers le camp ; il aborde : « Le capitaine Beaudoin, dit-il, a été tué ; nous demandons qu'on nous permette d'envoyer son corps à sa femme qui habite Oderberg sur la frontière ; lorsqu'il y aura trois jours que le corps voguera sur l'eau, nous signerons la capitulation. »

Le lendemain, à midi, sortit de la triple enceinte de pieux qui hérisse l'approche de la citadelle une barque, longue comme un cercueil, que la ville et la citadelle saluèrent de sept coups de canon.

Les cloches de la ville étaient en branle, on était accouru à ce triste spectacle de tous les villages voisins, et les ailes des moulins à vent demeuraient immobiles sur les collines qui bordent l'Oder.

LE CHEVAL MORT

>LE FOSSOYEUR. — Je vous vendrai de l'os pour fabriquer des boutons.
>LE PILLEY. — Je vous vendrai de l'os pour garnir le manche de vos poignards.
>
>*La Boutique de l'Armurier.*

La voirie! et à gauche, sous un gazon de trèfle et de luzerne, les sépultures d'un cimetière; à droite, un gibet suspendu qui demande aux passants l'aumône comme un manchot.

—

Celui-là, tué d'hier, les loups lui ont déchiqueté la chair sur le col en si longues aiguillettes, qu'on le dirait paré encore, pour la cavalcade, d'une touffe de rubans rouges.

Chaque nuit, dès que la lune blémira le ciel, cette carcasse s'envolera, enfourchée par une sorcière qui l'éperonnera de l'os pointu de son talon, la bise soufflant dans l'orgue de ses flancs caverneux.

Et s'il était à cette heure taciturne un œil sans sommeil, ouvert dans quelque fosse du champ du repos, il se fermerait soudain, de peur de voir un spectre dans les étoiles.

Déjà la lune elle-même, clignant un œil, ne luit plus de l'autre que pour éclairer comme une chandelle flottante ce chien, maigre vagabond, qui lappe l'eau d'un étang.

LE GIBET

Que vois-je remuer autour de ce gibet?
                                FAUST.

Ah ! ce que j'entends, serait-ce la brise nocturne qui glapit, ou le pendu qui pousse un soupir sur la fourche patibulaire ?

Serait-ce quelque grillon qui chante tapi dans la mousse et le lierre stérile dont par pitié se chausse le bois ?

Serait-ce quelque mouche en chasse, sonnant du cor autour de ces oreilles sourdes à la fanfare des hallali ?

Serait-ce quelque escarbot qui cueille en son vol inégal un cheveu sanglant à ce crâne chauve ?

Ou bien serait-ce quelque araignée qui brode une demi-aune de mousseline pour cravate à ce col étranglé ?

C'est la cloche qui tinte aux murs d'une ville, sous l'horizon, et la carcasse d'un pendu que rougit le soleil couchant.

SCARBO

> Il regarda sous le lit, dans la cheminée, dans le babut; — personne. Il ne put comprendre par où il s'était introduit, par où il s'était évadé.
> HOFFMANN. — *Contes nocturnes.*

Oh! que fois je l'ai entendu et vu Scarbo, lorsqu'à minuit la lune brille dans le ciel comme un écu d'argent sur une bannière d'azur semée d'abeilles d'or!

Que de fois j'ai entendu bourdonner son rire dans l'ombre de mon alcôve, et grincer son ongle sur la soie des courtines de mon lit!

Que de fois je l'ai vu descendre du plancher, pirouetter sur un pied et rouler par la chambre comme le fuseau tombé de la quenouille d'une sorcière !

Le croyais-je alors évanoui ? le nain grandissait entre la lune et moi comme le clocher d'une cathédrale gothique, un grelot d'or en branle à son bonnet pointu !

Mais bientôt son corps bleuissait diaphane comme la cire d'une bougie, son visage blémissait comme la cire d'un lumignon, — et soudain il s'éteignait.

A M. DAVID, STATUAIRE

> Le talent rampe et meurt, s'il n'a des ailes d'or.
> GILBERT.

Non, Dieu, éclair qui flamboie dans le triangle symbolique, n'est point le chiffre tracé sur les lèvres de la sagesse humaine!

Non, l'amour, sentiment naïf et chaste, qui se voile de pudeur et de fierté au sanctuaire du cœur, n'est point cette tendresse cavalière qui répand les larmes de la coquetterie par les yeux du masque de l'innocence!

Non, la gloire, noblesse dont les armoiries ne se vendirent jamais, n'est pas la savonnette à vilain, qui s'achète, au prix du tarif, dans la boutique d'un journaliste!

Et j'ai prié, et j'ai aimé, et j'ai chanté, poëte pauvre et souffrant ! Et c'est en vain que mon cœur déborde de foi, d'amour et de génie !

C'est que je naquis aiglon avorté ! L'œuf de mes destinées, que n'ont point couvé les chaudes ailes de la prospérité, est aussi creux, aussi vide que la noix dorée de l'Egyptien.

Ah ! l'homme, dis-le-moi, si tu le sais, l'homme, frêle jouet, gambadant suspendu aux fils des passions, ne serait-il qu'un pantin qu'use la vie et que brise la mort ?

FIN.

APPENDICE

POÉSIES

PÉLERINAGE A NOTRE-DAME-DE-L'ÉTANG

(3 septembre 1827)

Pélerins, mes amis, et vous, ô demoiselles !
Qui suivez à pas lents le pénible chemin,
Prions le Paraclet de nous prêter ses ailes,
Ou l'ange conducteur de nous donner la main.

Le vieux rocher moussu dont la cime est flétrie,
Et le chêne, là-haut, et l'épais noisetier
Dont les feuillages blancs tombent dans la prairie,
Avec tous leurs festons, pendent sur le sentier.

Mais nos pas ont atteint les sommets solitaires ;
Les lierres plus touffus rampent sur le gazon,
Les bois ont plus d'odeurs, de bruit et de mystères,
Et le soleil plus doux se lève à l'horizon.

Respirons un moment au haut de la colline ;
Et contemplons de loin, à travers les rameaux,
Le torrent écumeux, la roche qui s'incline,
Le doux émail des prés et les toits des hameaux.

Quand donc la sainte croix du gothique ermitage
Nous apparaîtra-t-elle à l'horizon lointain,
Comme aux yeux des élus le céleste héritage,
Ou comme le soleil, roi brillant du matin ?

La voilà ! la voilà ! Voyez-vous la chapelle ?
Et n'entendez-vous point une voix dans les airs ?
Des anges l'on dirait la voix qui nous appelle,
Ou la cloche qui tinte au fond de ces déserts.

LA NOURRICE

BALLADE ÉCOSSAISE

WALTER SCOTT.

—

Clos ta paupière, enfant, et ta bouche vermeille ;
Sommeille jusqu'au jour, sommeille en paix, sommeille.

Cesse tes cris, sommeille, ô mon beau nourrisson !
Endors-toi mollement au bruit de ma chanson.
Héritier de Donald, qui ne fais que de naître,
Ces lointaines forêts, ces vallons, ce torrent,
Ces blanches tours qu'on voit par la haute fenêtre,
Seront un jour à toi, lorsque tu seras grand.

Clos ta paupière, enfant, et ta bouche vermeille ;
Sommeille jusqu'au jour, sommeille en paix, sommeille.

Sommeille, et ne crains plus que les accents du cor
Viennent épouvanter tes doux songes encor.
Ces guerriers valeureux protègent ton enfance ;
Avant qu'un ennemi jusqu'à toi se glissant,
Dans ton berceau d'osier t'eût ravi sans défense,
Leurs glaives seraient teints du plus pur de son sang.

Clos ta paupière, enfant, et ta bouche vermeille ;
Sommeille jusqu'au jour, sommeille en paix, sommeille.

Trop tôt viendra le temps où le clairon vainqueur,
T'éveillant en sursaut, fera battre ton cœur.
Mais à présent, sommeille ; attends que l'aube naisse ;
Sommeille en paix, sommeille en cet heureux séjour ;
Car la soif des combats vient avec la jeunesse,
Comme le doux réveil avec l'aube du jour.

Clos ta paupière, enfant, et ta bouche vermeille ;
Sommeille jusqu'au jour, sommeille en paix, sommeille.

REGRETS

(20 juin 1828)

I

Lorsque, rêvant d'amour, dans l'oubli de la vie,
Nos bras s'entrelaçaient, ma main pressait ta main,
Oh ! qui m'eût dit alors qu'à mes baisers ravie,
    Tu me fuirais le lendemain !

II

Ils ne reviendront plus, et faut-il te l'écrire !
Ces jours si tôt passés et passés à jamais,
Ces jours purs et sereins, tes baisers, ton sourire,
    Et jusqu'à tes pleurs que j'aimais !

III

Alors, jeunes tous deux et sans inquiétude,
Et goûtant du plaisir le charme empoisonneur,
Ensemble nous cherchions l'ombre et la solitude,
  Pour y cacher notre bonheur.

IV

Et maintenant, combien il fut court ce beau songe !
Et maintenant, hélas ! séparés pour toujours,
Ce doux bonheur n'est plus qu'un aimable mensonge
  Qui caressa nos premiers jours.

JOCH D'HAZELDEAN

BALLADE ÉCOSSAISE

WALTER SCOTT.

—

« Pourquoi pleurer, pourquoi pleurer,
Pourquoi pleurer dans la prairie?
Franck jure de vous adorer.
Pourquoi pleurer dans la prairie?
Oh! combien vous serez chérie!
Oui, c'est demain, oui, c'est demain
Que vous lui donnez votre main,
Oui, c'est demain qu'on vous marie. »

Mais elle pleurait tristement
Parce que Joch est son amant.

« Franck d'Erington, Franck d'Erington,
Franck d'Erington de noble race,
Le plus noblé de ce canton,
Franck d'Erington de noble race,
Est un damoiseau plein de grâce;
Dans les combats, dans les combats,
Les vautours, oiseaux du trépas,
Dans les combats suivent sa trace. »

Mais elle pleurait tristement,
Parce que Joch est son amant.

« Sur un coursier, sur un coursier,
Sur un coursier comme une reine,
Devant maint et maint officier,
Sur un coursier comme une reine
Vous chasserez dans la garenne.
A son époux, à son époux,
De commander, oh ! qu'il est doux,
A son époux en souveraine ! »

Mais elle pleurait tristement,
Parce que Joch est son amant.

Dès le matin, dès le matin,
Dès le matin, dans la chapelle
Où doit s'accomplir son destin,
Dès le matin, dans la chapelle,
C'est en vain que chacun l'appelle.
On n'entendit, on n'entendit

Depuis lors au manoir maudit
On n'entendit plus parler d'elle.

Car elle avait fui prudemment,
Dès l'aube, avec Joch son amant.

LE TOMBEAU D'EDWIN

Au retour du printemps et des brises légères,
      Les bergers avec les bergères
Sous ces pampres fleuris aimeront à s'asseoir ;
Et le son des pipeaux, — qu'il est doux de l'entendre
      Depuis l'aurore jusqu'au soir ! —
Gémira tout le jour, mélancolique et tendre.

On n'y verra l'été que les bois et les cieux,
L'abeille voyageuse et murmurant lointaine,
Les oiseaux jaune-verts des lacs silencieux,
Et la biche et le faon, au bord d'une fontaine.

La fauvette timide et les petits oiseaux,
    Et l'indolente tourterelle,
Tantôt seront bercés sur le miroir des eaux,
Tantôt agiteront les feuilles, les roseaux,
De murmures charmants et du bruit de leur aile.

    Le rouge-gorge qui descend
De rameaux en rameaux, à travers la feuillée,
    Laissera tomber en passant
La mousse de son nid et la rose effeuillée.

Edwin, tout en ces lieux te rappelle aux pasteurs,
Et des limpides eaux l'ondoyante ceinture,
    Et ces bocages enchanteurs,
Ce vallon, ton berceau, ces bois, ta sépulture,
    Chaque scène de la nature.

    Tout en ces lieux aime à nourrir
    Ta douce mémoire et nos larmes,
    Toi qu'on cessera de chérir
    Quand la vertu perdra ses charmes.

A LA LUNE

(1ᵉʳ août 1828)

—

Beau pèlerin du ciel, que mon œil accompagne
A travers l'azur pâle où tu marches longtemps,
N'as-tu pas rencontré dans la haute campagne
Quelque asile entouré d'un éternel printemps?

C'est là que sans espoir, rêveuse fiancée,
Un jeune ange m'attend, — son aile a sept couleurs, —
Pour renouer aux cieux la chaîne commencée,
Dont les légers anneaux sont de brillantes fleurs.

Comme un pâle rayon de ta molle lumière,
De cet ange baigné de mon dernier adieu
L'âme vers son séjour remonta la première,
Digne toujours du ciel et des regards de Dieu.

Et moi, demeuré seul, moi, l'enfant de la terre,
Ange de ma jeunesse, après t'avoir chanté,
Dans le lit de la tombe endormi solitaire,
J'ai pour rêver à toi toute une éternité.

LA JEUNE FILLE

(30 septembre 1828)

—

> Est ce votre amour que vous regrettez ? Ma fille, il faudrait autant pleurer un songe.
> *Atala.*

Rêveuse et dont la main balance
Un vert et flexible rameau,
D'où vient qu'elle pleure en silence,
La jeune fille du hameau ?

Autour de son front je m'étonne
De ne plus voir ses myrtes frais ;
Sont-ils tombés aux jours d'automne
Avec les feuilles des forêts ?

Tes compagnes sur la colline
T'ont vue hier seule à genoux,
O toi qui n'es point orpheline
Et qui ne priais pas pour nous !

Archange, ô sainte messagère,
Pourquoi tes pleurs silencieux ?
Est-ce que la brise légère
Ne veut pas t'enlever aux cieux ?

Ils coulent avec tant de grâce,
Qu'on ne sait, malgré ta pâleur,
S'ils laissent une amère trace,
Si c'est la joie ou la douleur ?

Quand tu reprendras solitaire
Ton doux vol, sœur d'Alaciel,
Dis-moi, la clef de ce mystère,
L'emporteras-tu dans le ciel ?

Au gentil et gracieux trouvère de Lutèce, Victor Hugo

(10 juillet 1832)

LA CHANSON DU PÉLERIN

QUI HEURTE, PENDANT LA NUIT SOMBRE ET PLUVIEUSE,
A L'HUIS D'UN CHATEL

—

— Comte en qui j'espère,
Soient, au nom du Père
  Et du Fils,
Par tes vaillants reîtres,
Les félons et traîtres
  Déconfits !

Coucher à ta porte,
Quand le vent n'apporte,
  Cette nuit,
Sur ce lit sans toile,
Pas même l'étoile
  De minuit !

Les murailles grises,
Les ondes, les brises,
  La vapeur,
La porte propice
Qu'un lierre tapisse,
  Me font peur.

Là-haut, le feu terne
De quelque lanterne,
  Sous l'auvent
Qui pend et ruines,
Parmi les bruines,
  Tremble au vent.

J'entends un vieux garde
Qui de loin regarde
  Fuir l'éclair,
Qui chante et s'abrite
Seul en sa guérite,
  Contre l'air.

Je vois l'ombre naître
Près de la fenêtre

Du manoir,
De dame en cornette
Devant l'épinette
De bois noir.

Et moi, barbe blanche,
Un pied sur la planche
Du vieux pont,
J'écoute, et personne
A mon cor qui sonne
Ne répond.

Comte en qui j'espère,
Soient au nom du Père
Et du Fils,
Par tes vaillants reîtres,
Les félons et traîtres
Déconfits !

DIJON

BALLADE

O Dijon ! la fille
Des glorieux ducs,
Qui portes béquille
Dans tes ans caducs !

Jeunette et gentille,
Tu bus tour à tour
Au pot du soudrille
Et du troubadour.

A la brusquembille
Tu jouas jadis
Mule, bride, étrille,
Et tu les perdis.

La grise bastille
Aux gris tiercelets
Troua ta mantille
De trente boulets.

Le reître qui pille
Nippes au bahut,
Nonnes sous la grille,
Te cassa ton luth.

Mais à la cheville
Ta main pend encor
Serpette et faucille,
Rustique trésor.

O Dijon ! la fille
Des glorieux ducs,
Qui portes béquille
Dans tes ans caducs,

Ça, vite une aiguille,
Et de ta maison
Qu'un vert pampre habille,
Recouds le blason !

A M. Eugène Renduel, éditeur

(5 octobre 1840)

SONNET

—

Quand le raisin est mûr, par un ciel clair et doux,
Dès l'aube, à mi-coteau rit une foule étrange :
C'est qu'alors dans la vigne, et non plus dans la grange,
Maîtres et serviteurs, joyeux, s'assemblent tous.

A votre huis, clos encor, je heurte. Dormez-vous ?
Le matin vous éveille, éveillant sa voix d'ange.
Mon compère, chacun en ce temps-ci vendange ;
Nous avons une vigne : — eh bien ! vendangeons-nous ?

Mon livre est cette vigne, où, présent de l'automne,
La grappe d'or attend, pour couler dans la tonne,
Que le pressoir noueux crie enfin avec bruit.

J'invite mes voisins, convoqués sans trompettes,
A s'armer promptement de paniers, de serpettes.
Qu'ils tournent le feuillet : sous le pampre est le fruit.

VARIÉTÉS

JACQUES-LES-ANDELYS

CHRONIQUE DE L'AN 1364

>Urbem ingredientur, per muros current, domos
conscendent, per fenestras intrabunt quasi fur.
>
>JOEL, cap. II, v. 9.

Jean-le-Bon ne léguait pour héritage de gloire à son fils que le souvenir malencontreux de la défaite de Poitiers et de la paix de Bretigny, dernières calamités d'un règne sans honneur. Ces tristes leçons fructifièrent au cœur du nouveau roi : les soldats furent congédiés, braves gens, qui déclarèrent bientôt, les armes à la main, ne pouvoir souffrir la paix, honteuse fatigue, même après d'aussi constants revers. Charles V employa tour à tour la douceur persuasive et la menace des châtiments. Mais quelle voix ramènerait des furieux à la raison? D'abord, ils proclamèrent leur *franchise*; puis ils se choisirent pour chefs des soldats comme eux. Parmi ces chefs de rebelles, on remarquait Jacques-les-Andelys, né du sang de ces barbares du nord, longue terreur de toute une race de nos rois, peuplades belliqueuses qui s'éclipsèrent enfin, exterminées par Raoul-le-Bourguignon et Louis-d'Outre-Mer.

Plusieurs mois, ils coururent les belles provinces de la Lorraine et de la Bourgogne, frappant en maîtres aux portes des châteaux, et payant l'hospitalité par le meurtre et le viol. Ces rebelles à Dieu et à ses saints, comme au roi et à ses barons, joignaient le sacrilége à l'impiété, brisaient les châsses en riant, souillaient de profanations les reliques, et fouillaient jusques aux caveaux bénis des monastères, demeure inviolable des morts. La nef, sans prêtres, sans lévites, n'entendit plus, étonnée, que les blasphèmes et l'ivresse tumultueuse du soldat. Plus d'une fois, ô profanation! plus d'une fois, chassés du cornet impur, les dés insolents roulèrent sur cet autel où la céleste Victime, offerte au salut des hommes, s'immolait chaque jour. Ainsi, lorsqu'autrefois les Juifs crucifiaient le roi de Nazareth, les enfants du Golgotha tiraient au sort les dépouilles du Christ qui mourait pour eux.

Jacques-les-Andelys, que ses soldats nommaient

le Fauconnier, surprit Châlon. Point de quartier ! d'infâmes gibets sont dressés, et de nobles échevins sont pendus. Les lances qui hérissent les murailles de la ville brillent aux rayons du soleil couchant. On garde les hauteurs, les vallons, les villages, les gués du fleuve, les lisières des bois : tout ce qui sort et se montre tombe au milieu des mécontents.

Quelques maraudeurs rassemblés sur une montagne pour y passer la nuit, se pressaient en rond autour d'un large feu de veille, presque éteint : la plupart sommeillaient avec leurs armes, les autres écoutaient les vieilles ballades guerrières que le héraut de la troupe finissait de chanter.

— « Grande nouvelle ! dit un arbalétrier ; le roi veut notre conversion : il envoie monseigneur Duguesclin nous faire la barbe avec du miel ; mais *le Fauconnier* est là, et l'on n'englue pas le Diable comme un merle au printemps. »

Longs éclats de rire aussitôt : trois des dormeurs lèvent la tête et roulent des yeux tout effrayés ; une cornemuse pressée involontairement murmure des sons grotesques qui ajoutent au rire des soldats.

— « Monseigneur Duguesclin a raison, réplique

un autre arbalétrier; je suis bien las, je l'avoue, de cette vie que je mène, de châteaux en couvents : advienne ici monseigneur Duguesclin, et je cours servir le roi; la part du Diable faite, reste à faire la part du bon Dieu. »

Nouveaux éclats de rire, plus bruyants encore que les premiers; la vedette lointaine prête l'oreille, attentive à cette gaîté sauvage qui réjouit les vallées et les bois.

— « Georges, tu parles comme un saint, et nous pensons tous comme toi, dit un troisième maraudeur; mais si *le Fauconnier* apprenait ce que nous avons dit, je ne répondrais pas de te voir demain à pareille heure compter les étoiles avec nous. Écoute !... Tu connais Thomas ?

— Thomas ! répondit Georges, et qui ne connaît Thomas, l'archer le plus adroit des franches compagnies, moi et *le Fauconnier* exceptés? Thomas! homme de croc, s'il en fut ! Que de filles et de marchands nous avons ensemble houspillés de nos mains ! Liesse et bonne chère ! c'est notre devise à nous deux. Hier encore... vous m'entendez?

— Hier?

— Eh bien !

— Nous y voilà, répondit le soldat. Thomas a dérobé maladroitement hier un chapon dans les basse-cours de Chagny, et Thomas a été pendu ce matin. Un écu d'or à qui dénoncera l'autre soldat !

— Thomas pendu, disait Georges entre ses dents.

— Qu'est devenu le chapon? reprit le chanteur en riant.

— Demandez-le au ventre affamé du *Fauconnier*, disait un des maraudeurs.

— On a pendu Thomas, répétait Georges, les poings fermés.

— Oui, pendu. Je veux dire qu'il a dansé au bout d'une corde, à fleur de terre, comme cette flamme bleuâtre danse sur cette braise. Jacques-les-Andelys veut qu'on plume sans faire crier, ou bien il prend le parti de la poule contre le plumeur; lorsqu'on pille un vilain, il faut ensuite le brûler avec sa maison, et l'on n'en parle plus. Pauvre Thomas! C'est de la main gauche qu'il a pris ce chapon. D'ailleurs, il est mort en bon chrétien.

— Malheur au *Fauconnier!* murmurait Georges; il a fait pendre Thomas comme un chien : il mourra comme un chien ! »

Georges descendit vers Châlon, où son ami Thomas pendait sans vie, non loin des portes de la ville, à un gibet neuf, de huit pieds de hauteur. Ses camarades joyeux remarquèrent qu'il n'oubliait ni son arbalète, ni son épée courte à deux tranchants.

Le maraudeur l'avait dit. Duguesclin, arrivé de la veille à Châlon, tenait conférence avec les chefs des révoltés : ceux-ci ne voulaient entendre à aucune proposition. Jacques-les-Andelys surtout demeurait intraitable, comme si tout eût dépendu de son vouloir et de son consentement. Le délégué du roi se tint en repos quelques jours, espérant que quelque accident propice produirait ce que n'avaient pu produire ses discours. Il apprit bientôt que Jacques-les-Andelys montait à cheval pour chasser le chevreuil dans les bois. Sans perdre de temps, il vole au quartier-général des compagnies campées à une lieue de Châlon. Dès qu'ils eurent appris son arrivée, les soldats accoururent à sa rencontre, s'empressant à le regarder, mais lui, du haut de son cheval de bataille, couvert d'une housse à fleurs de lys d'or :

— « Qu'est ceci ? Comment vous nommer ? Des hommes d'armes ou des vagabonds, vous qui ne savez que courir de nuit les champs ? Vous faites mal, c'est moi qui vous le dis. Duguesclin n'est point un harpeur qui ne donne que de belles paroles pour de l'argent. Pouvez-vous bien préférer votre honte à l'honneur ? Qui vaut-il mieux servir, le roi avec gloire et honnête profit, ou bien Jacques-les-Andelys, avec brigandage et péril ? Pensez-vous d'ailleurs que votre roi soit moins brave que Jacques-les-Andelys ? »

Une voix cria au milieu de la foule : « Lorsqu'on

fait pendre un homme comme un chien, on meurt comme un chien ! » Mais Duguesclin continua :

— « Vous faut-il de l'or ? En voilà. Que ne le disiez-vous donc plus tôt ? Le roi mon maître, qui vous aime, vous eût accordé riche guerdon. Je sais bien qu'il fait mauvais vivre en ce pays sans argent. Aussi, voulez-vous m'en croire, allons ensemble rançonner cette canaille d'Espagne, mécréans et infâmes, qui ont tant d'or qu'ils ne savent qu'en faire. Nous aiderons, si bien vous en prend, Transtamare que vous savez, à reconquérir l'Espagne, son royal héritage, et à pourchasser les Maures qui sont des Philistins. Nos affaires terminées à notre joie, nous reviendrons riches et puissants, grâces à Dieu. Soldats, ce voyage vous duit-il ? »

La foule déclara aussitôt *le Fauconnier* traître et déloyal : on le demandait à grands cris, pour le livrer à la justice du roi ; toutes les grandes compagnies se portèrent tumultueusement vers Châlon. Chacun fut bien surpris de voir que Thomas ne pendait plus au gibet : un autre cadavre, dépouillé, percé de coups, arrêtait seul à sa place les regards des passants ; quelques soldats affirmèrent que ce devaient être les restes du *Fauconnier* assassiné. Quoi qu'il en soit, dès le soir même, l'armée se mit en marche pour Avignon, séjour des prélats romains. Là se trouvait le trésor de l'Église, lequel attira peut-être les soldats de Châlon comme l'aimant attire le fer.

Georges, l'ami de Thomas, marchant à l'arrière-garde, montrait à qui les voulait voir, un anneau d'or, une bourse pleine d'écus au soleil, un ceinturon richement brodé; puis, posant la main sur sa dague teinte encore de sang, il disait : « *Le Fauconnier* a fait pendre Thomas comme un chien : il est mort comme un chien ! »

L'ÉTABLE DE SAINT-JEAN

CHRONIQUE DE L'AN 1359

De grandes guerres, de grands discords, de grands malheurs, voilà le règne des Valois. Philippe avait été *moult desarçonné* à la bataille de Crécy; Jean n'eut point déduit plus joyeux à la bataille de Poitiers. C'est une histoire à raconter. Vinrent à Paris nouvelles que le prince de Galles, fils aîné du roi d'Angleterre, donnait l'assaut aux villes d'Auvergne, de Bourbonnais, de Limousin, comme si ce n'eût été que joûtes et tournois. Tant chevaucha le roi Jean avec sa puissante armée, qu'il déploya ses pennons à un quart de lieue près de l'ost du prince de Galles, dans les champs de Beauvoir et de Maupertuis, le dimanche dix-huitième jour de septembre mil trois cent soixante-six : celui-ci n'avait guère moins de huit mille soldats ; le roi Jean en avait bien huit fois autant, chevaliers et varlets. Il y eut donc offres prudentes du prince de Galles au roi de France, de rendre tout ce qu'il avait pris, et de ne guerroyer, lui et les siens, contre la France, de sept ans. Mais à l'encontre de sa demande, on lui envoya dire, pour toute réponse, qu'il eût à parler en homme de plus de cœur. Chacun prévoyait à de tels propos quelque bataille sanglante et de terribles coups d'épée.

Durant ces pourparlers, loisir était aux soldats anglais de marauder à la ronde. Étables, basses-cours et garennes étaient les garde-manger de maints nobles barons et chevaliers. Une naïve chronique de ce temps-là raconte que le prince de Galles, autrement nommé le prince Noir, avait deux nains favoris malicieux et cruels, tous deux pillards effrontés, et que le jour de la bataille, l'un d'eux lui servit à table un plat de pigeonneaux dérobés à la tendresse de leurs mères dans un colombier du village de Beauvoir, et que l'autre lui remplit son gobelet d'or d'un vin généreux soutiré dans une cave du bourg de Maupertuis.

C'était pour échapper à ces vexations que les habitants du village de Beauvoir s'étaient réfugiés avec leurs femmes et leurs enfants au fond des bois. Une vaste étable, fermée de toutes parts, abritait hommes et troupeaux. Cette étable, à voir les hautes voûtes enfumées, les arcades massives autour desquelles glissait la clarté des lampes, les fenêtres en ogive, dont les vitraux tombaient, brisés par les vents, ne semblait point avoir été destinée à un usage aussi profane. On eût dit plutôt une de ces vieilles abbayes des solitudes, des bois et des montagnes, que les Normands avaient ruinées en grand nombre, il y avait longtemps.

Sur un ardent foyer était accrochée une large chaudière qui se couronnait d'écume et de vapeurs. Des petits enfants, réjouis par les flammes pétillantes, caressaient les chiens de bergers. La fumée s'écoulait par les ouvertures du toit crevassé. Non loin du foyer, des crèches régnaient circulairement dans les chapelles latérales de la nef. A ces crèches étaient attachés pêle-mêle des bœufs, des ânes et des chevaux. A la lueur du brasier, on voyait la tête d'un taureau ruminant, éclairé à demi par la lumière, se dessiner dans l'ombre, des bouviers qui remuaient la litière avec des fourches, ou des pâtres qui passaient, apportant un lien de feuillée, leurs cornets à bouquin pendus à la ceinture.

Toutes les femmes s'étaient réunies à l'extrémité de l'étable, teillant le chanvre et filant de blanches quenouilles; une d'entre elles, qui allaitait un enfant, pleurait, gracieuse au milieu de sa douleur. L'image d'un saint, l'image de saint Jean, patron du village abandonné, était debout dans une niche, et l'on avait allumé une lampe devant la face du saint. A la lueur de cette lampe, une matrone lisait dans un psautier, et les femmes répondaient dévotement à voix basse; mais les jeunes filles tournaient de temps à autre un regard distrait et furtif du côté de quelques jeunes hommes qui rôdaient derrière les colonnes, en leur faisant des signes d'amitié.

Les vieillards chopinaient près de la porte de l'étable, où l'on avait pratiqué un guichet étroit pour pouvoir, au besoin, écouter et jeter un coup-d'œil dans les bois. Une sentinelle se tenait à ce guichet.

La nuit était noire. Des bouffées de vent s'engouffraient dans les combles du gothique édifice. Robin le tisserand, qu'on avait envoyé au point du jour à la découverte, n'était point encore revenu à minuit. Sa femme se désolait; les buveurs formaient mille conjectures à son égard. Était-il prisonnier ou mort? C'était la question.

— « Robin aura pu rencontrer quelques Anglais, dit l'un, et il sera mort plutôt que de se mettre à leur merci.

— Eût-il mieux fait, répondit un autre, de crier: *Vive Lascastre!* et de baiser la casaque d'un Anglais?

— Dieu le garde de pareille lâcheté! répliqua le premier buveur; mais il coûte peu de se détourner:

sa femme est là-bas qui pleure, son enfant dans les bras.

— Il n'est pas mort, dit un troisième ; l'arbalète de Robin connaît trop bien la place du cœur d'un Anglais pour lui permettre de passer sans saluer, la face contre terre.

— Non, non, il n'est point mort, répétèrent tous les buveurs.

— Chut! dit la sentinelle qui veillait au guichet ; j'entends le son d'une trompe lointaine, et comme un galop de chevaux dans les bois. »

Chacun des buveurs se lève et court au guichet ; on ouvre la porte, et l'un d'eux se hasarde à mettre le pied dehors et le nez au vent ; mais les feuilles séchées tourbillonnaient autour de l'étable, et la cîme des arbres était violemment agitée.

— « Ferme le guichet, Jean des Moineaux, dit un vieillard ; as-tu donc tant peur, que le cri de la hulotte te semble le son d'une trompe ? »

La sentinelle qui prétendait avoir entendu distinctement le son d'une trompe et non le cri de la hulotte, prêta de nouveau l'oreille vers les bois.

— « Qu'est-ce donc, dit un buveur, que ce prince qui rançonne l'Église et qui boit le vin dans les calices ? Un félon et déloyal prince qui, repoussé de Dieu, s'est jeté entre les bras du démon ; jugez si cela durera longtemps !

— Demain, dit un autre, ses soldats seront couchés morts, ses tentes seront renversées ; lui-même, à cette heure, est peut-être déjà rayé du livre des vivants !

— Y a-t-il quelqu'un ici, dit un vieillard, qui veuille aller jusqu'à la lisière du bois voir de loin si les feux de veille sont éteints au camp des Anglais ? »

A cette interpellation, point de réponse : tous demeurèrent muets. En ce moment, on entendit au dehors le pas d'un cheval. La sentinelle, épouvantée, ferma précipitamment le guichet. Les chiens qui dormaient commencèrent à gronder, et les enfants à pleurer. Chaque soldat apprêta ses armes, tandis que la matrone qui faisait la sainte lecture et les jeunes femmes à genoux récitaient l'oraison de saint Jean.

— « Qui va là ? cria la sentinelle entr'ouvrant le guichet. Pour qui tenez-vous ? »

On répondit du dehors par un long éclat de rire et par les fanfares d'une trompe. Appelait-il ses compagnons ? La porte fut ouverte, et aussitôt une nuée de traits fut lancée dans les bois.

Le cavalier roula en même temps que son coursier sur la pelouse ; il n'était sans doute point blessé, car il cria d'une voix pleine de bonne humeur :

— « Et vite, et vite, messeigneurs, tirez-moi d'ici ; je tiens pour la bonne chère et le vin vieux. Messeigneurs ! messeigneurs ! Diable ! ne sonne-t-on pas de la trompe à la porte d'un château ? »

On jugea à ces paroles qu'on n'avait rien à craindre : on descendit donc dégager le joyeux cavalier de dessous son cheval ; mais quel fut l'étonnement de tous, lorsqu'on vit un nain qui se releva sans grande peine avant qu'on lui eût prêté secours ? Son coursier gisait, expirant de trois flèches dans le flanc. Il ramassa à terre sa trompe, et entra le premier sans façon dans l'étable qu'il prenait pour un château. Aux risées que sa vue excitait, les femmes accoururent, croyant Robin de retour ; elles se mêlèrent à la gaîté générale, à l'aspect de ce nain difforme qui s'embarrassait dans les chiens accourus pour le caresser.

Jean des Moineaux avait refermé la porte, et toujours écoutant, et toujours regardant, se promenait son arbalète au bras.

On fit asseoir le petit homme sur une futaille vide, et l'on procéda à son interrogatoire avec toute la gravité possible.

— « Quel est votre nom ? lui dit le vieillard.

— Qu'importe mon nom ? répondit le nain ; je n'en ai point pris, de peur de le perdre. Pourtant, à Londres, on m'a nommé *le roi des Quilles* : ainsi le roi de France est mon cousin.

— Eh bien ! sire, pourrions-nous savoir, lui dit un autre vieillard, comment vous êtes venu de Londres ici, et qui vous a fait quitter vos fidèles sujets ?

— Je suis à la cour du prince de Galles, répondit le nain.

— Dieu vous pardonne ! s'écria quelqu'un ; n'avez-vous pas reconnu un des nains du prince de Galles?

— A la chaudière, l'escarbot! cria-t-on de toutes parts.

— Ne vous avisez point, dit le nain, de mettre la main sur moi : des gens aussi nobles que ceux qui dorment à Westminster m'ont souri quand j'étais debout derrière le fauteuil du prince. »

Tandis qu'il parlait, une fenêtre basse qui donnait sur les bois s'ouvrit, et un jeune homme sauta dans l'étable.

— « Voilà Robin! » cria Jean des Moineaux.

La femme du jeune homme le serra contre son cœur, et lui couvrit de baisers son enfant qu'elle lui présentait. Le nain, resté seul, demandait à grands cris qu'on voulût bien le mettre à terre; mais on semblait l'avoir oublié.

— « Le roi est prisonnier, dit Robin, et le prince de Galles, maudit soit-il! entre demain à Poitiers. »

La douleur assombrit tous les visages. C'était un silence de désespoir.

— « Que Dieu protége l'Angleterre dans les siècles des siècles! dit le nain.

— Qui t'a conduit ici, fou d'un prince plus fou encore! dit Robin. Je t'ai vu fuir dès le commencement de la bataille, emporté par un cheval fougueux.

— Tu mens, fils de vassal, dit le nain; tu mens. Je sors de la taverne de maître Alain, où j'ai vidé les brocs toute la soirée; et si j'en suis sorti si tôt, c'est parce que les brocs étaient vides, et que les verres étaient cassés.

— Qu'on l'accroche à l'orme de saint Jean ! » s'écria Robin.

On s'empara aussitôt du nain qui sentit alors seulement les fumées du vin s'exhaler de son petit cerveau. On le traîna, la corde au col, hors de l'étable, au pied d'un grand orme aux rameaux duquel pendait une corde; il demanda alors, pour grâce dernière, qu'on lui permît de sonner une fanfare, ce qui lui fut accordé; sa trompe qu'il emboucha murmura des sons lugubres et prolongés.

— « Il ne vient pas ! dit-il tristement ; il faut donc être pendu seul !

— Qui appelles-tu ? dit Robin.

— Mon frère, répondit le nain.

— Console-toi, répliqua Robin; j'ai vu le corps de ton frère que les loups déchiraient à la lisière du bois.

— Je meurs content ! » dit le nain, et il ricana horriblement.

La matrone qui tenait la lampe l'éleva à la hauteur de son front; on hissa la corde, et le nain demeura suspendu et sans vie.

Robin raconta comment, confondu parmi les fuyards, il avait à travers champs gagné Poitiers, et comment il avait lancé sa dernière flèche, du haut des murailles de la ville, contre les Anglais qui enfonçaient déjà les portes.

LE COIN DU FEU

SCÈNE ALLEMANDE

—

> C'est un spectacle qui fait couler de douces larmes,
> que de le voir au milieu de ses neuf enfants.
> *Werther*, lett. VI.

— « Mon père, quelle est cette flamme lointaine qui éclaire les campagnes du côté de Margrabowo? Le miroir des lacs resplendit comme aux premiers rayons du soleil. »

Le vieux père qui tisonnait, quitta les antiques pincettes, et les enfants qui jouaient ou qui étudiaient silencieusement assis autour de la grande table, accoururent tumultueusement vers la fenêtre.

— « Ce sont, je pense, dit le vieux père, les torches des pêcheurs d'anguilles et d'écrevisses, dont les barques se sont donné rendez-vous au pied du Voralsberg.

— Mon père, dit un jeune homme aux cheveux blonds, permettez-moi de descendre avec Brandt jusqu'au moulin; le meunier nous apprendra sans doute ce que signifie tout cela. »

Le jeune homme embrassa son vieux père, et sortit. Cette clarté lointaine s'éteignit par degrés; la fenêtre fut refermée, et les enfants, formant mille conjectures à leur façon, revinrent à leurs jeux et à leurs études.

Chacun reprit sa place autour de la grande table, sur laquelle se voyaient pêle-mêle des cartes de géographie, des livres, des compas, des sphères et des boîtes de couleurs. Le vieux père poursuivant sa leçon un moment interrompue, leur disait comment l'homme bienfaisant et charitable qui console le pauvre et l'orphelin, est le plus fidèle portrait de la Providence; comment le riche a été placé en cette vallée de larmes et d'infortunes pour prêter secours à ses frères qui chancèlent; comment celui-là qui, le pouvant, se dispense de donner l'aumône, ne jouira jamais de la présence de son créateur.

Les enfants d'abord fort attentifs, commencèrent bientôt à bâiller, à rire en tapinois, à se faire des mines toutes plus drôles les unes que les autres. Le vieux père qui feignit de ne point s'apercevoir de ce manége, pensa sagement qu'il était temps de clore la leçon.

— « Auguste, dit-il à un jeune garçon de douze ans, qui le premier avait donné l'exemple de la dissipation, allez prendre ce gros volume sur cette planche, et lisez-nous une histoire. Puis il ajouta sans amertume : Il faut savoir faire chaque chose en son lieu, et ne se permettre de rire et de badiner qu'après que l'on s'est acquitté de son devoir.

Les enfants confus demeuraient dans le silence le plus profond. Auguste ouvrit sur la table le livre poudreux dont les fermaux de cuivre retombaient des deux côtés. Il y avait dans ce livre de grandes figures dorées, des lettres en rouge et en bleu, et les feuilles glissaient sous les doigts, douces comme le vélin.

— Quelle est, demanda le vieux père, l'histoire marquée par ce ruban ?

— *Le Pasteur de Saint-Wilfrid*, répondit le jeune garçon.

— C'est bien, dit le vieillard, lisez, et vous, qu'on écoute : vous y verrez, enfants, comment le pasteur de Saint-Wilfrid, ayant un soir entendu frapper à la porte du presbytère, courut ouvrir, et trouva le Diable qu'il ne reconnut point, sous la figure d'un mendiant auquel il refusa de donner l'aumône, et vous y verrez comment il en fut puni par le Diable lui-même qui...

— Qui lui vola son bréviaire, dit un petit enfant.

LE PASTEUR DE SAINT-WILFRID

FABLIAU

Aucun voyageur ne chemine,
Vêtu de bure ou bien d'hermine,
    Par le sentier,
Qui n'aille, chantant son cantique,
S'agenouiller au seuil gothique
    Du vert moutier.

Le lierre, de son frais ombrage,
Du chœur embrasse le vitrage,
    Tout à l'entour,
Et l'on voit l'un et l'autre mage,
Et la Vierge, brillante image,
    En grand atour.

C'était quand la blanche rosée
Scintille sur l'herbe arrosée
    Comme des pleurs;
Quand l'hirondeau sur notre rive
Aux premiers jours d'avril arrive,
    Avec les fleurs.

Or, un beau soir qu'au presbytère
Le pasteur dormait solitaire
    Près des tisons,
Il ouït une voix lointaine,
Murmurant comme la fontaine
    Sous les gazons.

La voix disait...

Le lecteur, à ce passage intéressant, se tut et leva la tête. On venait d'ouvrir la porte du salon, et quelqu'un était entré : c'était le jeune homme aux cheveux blonds, et le vieux Brandt qui montrait par-dessus son épaule sa moustache blanche, aussi blanche que le flocon de laine de son bonnet fourré de peau de loup.

— « Ce ne sont point les pêcheurs d'anguilles et d'écrevisses du Woralsberg, dit le jeune homme ; j'ai vu leurs barques attachées sous les saules. C'est la chaumière de Péters le chevrier.

— Eh bien ! la chaumière de Péters ?... dit le vieux père.

— Le chaume de la cabane de Péters a tout à coup pris feu comme une meule de foin. Le meunier prétend que l'incendie a été produit par la chute d'une étoile sur le toit.

— Pauvre Péters ! disaient les petits enfants.

— Il ne conduira plus chaque matin, disait l'un, son chevreau brouter dans le parc !

— Il ne nous apportera plus, disait l'autre, chaque matin un bouquet de marguerites et de fleurs des prés !

— C'est lui, ajoutait un troisième, qui m'a taillé ce joli sifflet avec une branche de peuplier vert !

— Pauvre Péters ! » répétèrent tous les petits enfants.

Il se parlèrent l'un l'autre un moment à voix basse, puis il se jetèrent tous au col de leur vieux père qu'ils étouffaient de leurs caresses, le priant ensemble de donner un asile au pauvre Péters.

— « Bien ! mes enfants, dit le patriarche attendri. Oh ! que votre mère qui est dans le ciel ne partage-t-elle ici-bas ma joie et mon bonheur ! Mes enfants ! mes chers enfants ! oui, Péters passera ses vieux jours dans ma maison. »

Les enfants sanglotaient au souvenir de leur mère qui était dans le ciel. Le livre était encore ouvert à l'endroit du *Pasteur de Saint-Wilfrid* ; un petit garçon mit le doigt sur l'image et dit :

— « Mon père, voyez donc comme le démon est laid !

— C'est que le démon n'est point charitable, dit le vieux père ; les hommes dont le cœur ne s'émeut point aux plaintes du pauvre sont laids comme le démon devant le Seigneur.

— Et la fin du fabliau ! dit Auguste.

— On vous la lira demain, mes enfants. Huit heures ont sonné au presbytère : prions et allons prendre du repos.

MŒURS PROVINCIALES

LA FOIRE DE BEAUCAIRE EN 1771 (1)

La foire de Beaucaire, il y a cinquante-sept ans, était bien autrement fréquentée que de nos jours. On eût pu alors comparer cette ville à une petite Josaphat, puisqu'elle réunissait des représentants de toutes les nations de la terre. Langages, costumes, c'étaient mille contrastes et mille bigarrures : les trafiquants hollan-

(1) Ces détails curieux ont été, en grande partie, communiqués par un Juif qui a fait plusieurs fois le voyage de Beaucaire dans sa jeunesse; quelques-uns sont extraits d'un in-12 intitulé : *Lettre d'un particulier de Beaucaire à un Toulousain de ses amis*; 1771, Avignon.

dais, génois, espagnols, allemands, anglais, arméniens, moscovites, persans, canadiens, indiens, semblaient s'être donné rendez-vous à cette célèbre foire. Il est vrai que Beaucaire par sa situation géographique était ouverte à toute espèce de commerce maritime. Le Rhône qui se jette non loin dans la Méditerranée par deux embouchures, lui assurait de nombreux arrivages, sans compter qu'on y abondait des provinces voisines, du Languedoc, du Dauphiné, de la Provence, de la Gascogne et du Roussillon.

En face des murs de la ville, qui regardent le Rhône, entre la porte Roquecourbe et la porte Beauregard, se déploie une belle prairie que l'on a nommée du nom de sainte Magdeleine. C'est là que pour loger les marchands étrangers et abriter leurs richesses, on construisait une nouvelle ville, supplément à l'ancienne. Des cabanes de toutes les formes, de toutes les dimensions s'alignaient régulièrement; une grande rue traversait la longueur du pré; à cette grande rue aboutissaient une infinité de ruelles et de carrefours. Ces cabanes pourtant n'occupaient pas la sixième partie du pré Sainte-Magdeleine, que la ferme louait à la communauté de Beaucaire moyennant neuf mille livres pour le temps de la foire, c'est-à-dire pour un mois environ. Malgré le prix excessif de la location, il est probable que la communauté de Beaucaire en tirait encore un énorme profit. Les marchands d'une même ville ou d'une même province avaient presque toujours des cabanes contigues, distinctes et séparées de celles des marchands des autres pays. Dans la rue principale, par exemple, les Provençaux vendaient leurs drogues et leurs épices, les parfumeurs de Montpellier et de Grasse leurs savonnettes, leurs pommades, leurs bergamotes et des liqueurs fines. Le long du Rhône étaient les apothicaires, les vendeurs d'orviétan et les chaudronniers. Quelques cabanes éparses çà et là, servaient de théâtres aux baladins, aux cabrioleurs, aux saltimbanques, aux marionnettes; de ménageries aux conducteurs d'ours et de bêtes féroces, et de corps de garde aux soldats de la douane. A l'extrémité de la grande rue, on avait décoré de festons et de feuillages une chapelle où l'on disait la messe le dimanche à huit heures du matin : chacun alors s'agenouillait devant sa boutique, et le prêtre, au *Dominus vobiscum*, embrassait d'un regard toute l'étendue du pré, la foule à genoux, et le fleuve couvert d'embarcations.

Mais outre cette seconde ville, on en voyait encore s'improviser une troisième. C'est sur le Rhône que se formait cette troisième cité, c'est sur un fleuve des plus rapides que des maisons flottantes se rangeaient toutes bâties, et contenant des magasins immenses. Ne croyez pas au surplus qu'elle fût sans police et que tout s'y fît en confusion : chaque barque, en arrivant, voguait droit au quartier qu'elle savait lui avoir été assigné, sans se tromper jamais de route. Les barques françaises, avant d'entrer dans le port de Beaucaire, étaient soumises à la visite du fermier général qui examinait les marchandises et prélevait ses droits, et elles ne pouvaient sortir des eaux d'Arles, sans encourir de fortes amendes. Lorsqu'enfin le fermier général avait terminé ses affaires, à un signal donné, chacune des barques s'élançait à la fois du port d'Arles et s'efforçait par d'habiles manœuvres d'arriver la première à Beaucaire ; il fallait ne se servir ni de traits ni de chevaux, mais n'user que de rames et de voiles. Le prix que la ville décernait à la barque la plus agile, consistait en un mouton vivant, et de plus elle ajoutait une somme de soixante livres, afin que les matelots vainqueurs ne le mangeassent point sans boire. Cette barque courait choisir sa place dans le port. Son arrivée était annoncée par trois coups de canon, que les embarcations étaient dans l'usage de répéter. Le port était perdu dans la fumée, et les coups de canon se succédaient jusqu'après le coucher du soleil.

Les barques des Génois, très-bien peintes, n'avaient rien de remarquable que la beauté des couleurs dont elles étaient ornées. Auprès des barques génoises, les coches d'eau étaient attachés à des câbles au pied des quais. Ils portaient de légères tentes d'étoffes bariolées, rouges et blanches. A la suite des coches d'eau, les felouques catalanes à deux et trois mâts couronnés de rubans de mille couleurs ; enfin les barques françaises qui fermaient le port, et dont les pavillons blancs flottaient au-dessus des autres pavillons. Toutes avaient une enseigne : celle qui avait remporté le prix ne manquait jamais de suspendre à son plus haut mât la peau du mouton remplie de paille ; d'autres attachaient à leurs poupes un gril de fer ; d'autres un chapeau, un sac vide ; quelques-unes une femme de paille assise dans une chaise. Ces signes servaient à les désigner et à les reconnaître. Autant de barques, autant d'enseignes différentes. A coup sûr, le tableau produit par cette variété de barques de structures et de formes étrangères, aux cordages plus ou moins multipliés, aux mâts plus ou moins élevés, ne le cédait en rien à celui que présentait le pré Sainte-Magdeleine.

On estime que le nombre de ceux qui se rendaient à la foire de Beaucaire, soit par curiosité, soit pour affaires de commerce, s'élevait à deux millions, dont il faut sans doute rabattre quelque chose. En effet, les avenues, les faubourgs de la ville, l'avant-veille et la veille du jour de l'ouverture de la foire, regorgeaient déjà d'une foule de gens, les uns à pied, les autres en voiture ou à cheval, qui n'avaient pu trouver de logements : on tenait les chevaux liés au piquet, et il y en avait qui, tout le temps de la foire, couchaient dans leurs voitures, ou même à la belle étoile.

Ce n'étaient, comme on pense, tous gens de bien : des filous et des courtisanes se donnaient la main. Ceux-là se trouvaient toujours au milieu des foules, dans la grande rue du pré, aux églises ; celles-ci parées et séduisantes, ouvraient des cafés publics dans les passages les plus riches de la ville : les parfums les plus doux, les odeurs les plus suaves embaumaient l'air qu'on y respirait ; des baladins jouaient, chantaient, en s'accompagnant d'une musique délicieuse ; dans ces cafés où ne régnait d'autre confusion que celle des langues, il arrivait souvent de voir à la même table des Français, des Italiens, des Anglais et des Allemands se parler et ne se comprendre point. A côté des somptueux hôtels se montraient de sales et laides gargotes et de sombres tavernes. Des Bohémiens avaient élevé des huttes à l'extrémité du pré qui touche à la montagne, et établi des fourneaux et des marmites en plein air ; ils rôtissaient les viandes, trempaient la soupe aux matelots et aux mendiants, et vendaient des galettes et des gâteaux aux petits enfants. Fort prudent cependant aux filous et à leurs adhérents d'agir à la sourdine : des patrouilles, nuit et jour, les suivaient à la piste. En 1769, il y avait eu un arrêt d'attribution qui permettait au prévôt, assisté de son lieutenant et de ses assesseurs, de juger en dernier ressort, durant la foire, les vagabonds et gens sans aveu. Son tribunal était permanent : un escroc était-il saisi la main dans le sac ? il était fustigé publiquement, une heure après le délit commis. Mais bien peu se laissaient prendre, malgré toute la vigilance des archers.

Cependant voici la veille de la foire, 21 juillet, fête

de sainte Marie-Magdeleine. Les consuls de Beaucaire, en robe, leurs greffiers et le conseil de la ville, précédés de hallebardiers et escortés d'une garde bourgeoise de vingt hommes, descendaient, à sept ou huit heures du soir, à l'hôtel du fermier général, et lui demandaient que la franchise de la foire fût accordée à compter de l'heure de minuit prochain. Le fermier général l'accordait à compter du moment même où la requête lui était présentée ; ensuite le cortége, torches allumées, au son des tambours, des fifres, hautbois et clairons, parcourait la ville et le port, et les greffiers annonçaient, de la part du roi, que la foire était ouverte : on tirait des boites sur le pré ; on mettait le feu à de superbes pièces d'artifice, et les marchands commençaient à décharger leurs ballots et à les envoyer à terre.

Cette franchise n'était que pour trois jours ; mais, au lieu de trois, c'était six jours que la foire durait, grâces aux trois grandes fêtes patronales qui séparaient les trois jours de franchise : les fêtes de sainte Magdeleine, de saint Jacques et de sainte Anne.

Dès l'aube, le jour de sainte Magdeleine, une grande messe était célébrée dans la chapelle du pré et à la collégiale ; puis, c'était une procession où quatre jeunes filles portaient, sous un pavillon de soie rouge, la statue de la sainte, en argent massif, et à laquelle assistaient les consuls en robe, la magistrature et l'intendance.

Comment décrire la foire de Beaucaire ? Peine perdue de l'essayer ; à l'imagination de mes lecteurs d'y suppléer. Ce n'est que le soir, lorsque le soleil baissait et que les chaleurs étaient attiédies, que commençaient les promenades dans le pré de Sainte-Magdeleine : une forêt de mâts illuminés, les boutiques brillantes de l'éclat des lumières et des bijoux, des essaims de jeunes dames rayonnantes de grâces et de toilette, tout excitait à la joie, aux chansons et aux rires. Vers les neuf heures du soir, des bals et des danses se formaient sous l'ombrage : il y avait le bal des Provençaux, le bal des Catalans, le bal des Portugais, le bal des Italiens, le bal des Chinois, autant de bals que de nations. Il y avait des mandolines, des violons, des flûtes, des hautbois, des tambourins à la provençale, qu'on touche avec une seule baguette, des castagnettes, des galoubets, autant d'instruments que des danseurs ; au bal de France, les officiers courtisaient les belles de Beaucaire, et brillaient dans les quadrilles ; mais pendant qu'on se livrait à la joie, que Polichinelle faisait des siennes, que la danse tournait dans le pré, que mille voix se rencontraient dans les airs, sur les degrés de la chapelle priaient dévotement à l'ombre de pauvres vieilles femmes prosternées, et de loin en loin on entendait, au pied de la montagne, du côté des feux des Bohémiens, des cris confus de gens qu'on dévalisait ou qui ferraillaient contre des spadassins.

Chaque soir ramenait les jeux et les plaisirs que je ne fais qu'indiquer du doigt. Le 28 juillet, la foire était close avec le même appareil qu'elle avait été ouverte, avec accompagnement de fanfares, mais non plus d'acclamations. Les voitures roulaient, les chevaux galopaient sur les routes encombrées d'équipages et de piétons ; le cri de la scie et le bruit du marteau qui démolissaient les baraques retentissaient dans le pré de Sainte-Magdeleine ; les barques, en s'éloignant, lâchaient leur dernier coup de canon ; heureuses si elles n'échouaient point sur les bancs de sable du Rhône, ou si elles n'étaient point attaquées, à leur entrée dans la Méditerranée, par les corsaires turcs qui les attendaient pour les capturer.

Ce dernier jour venu, les officiers de mousquetaires et de dragons, qui avaient amené à la foire la musique de leurs régiments, s'en retournaient dans leurs garnisons : plus d'aubades, plus de billets doux ambrés, plus de danses, hélas ! et les jeunes dames de Beaucaire, pâles de désespoir, faisaient leur provision de rouge pour une année.

CRITIQUE

PÉLAGE

OU LÉON ET LES ASTURIES SAUVÉS DU JOUG DES MAHOMÉTANS

(1 vol. in-8°, chez les principaux libraires, Paris; et à Dijon, chez Victor Lagier, rue Rameau. Prix : 6 fr).

Il n'est plus permis à ceux-là même qui sont demeurés en arrière de leurs contemporains, de nier les conquêtes du *Romantique*, adopté par notre littérature, non-seulement comme une nécessité, mais encore comme un besoin. Quelques hommes qui ont dans le cœur plus de génie que le xvIII° siècle n'en avait dans la tête, ont rouvert par d'admirables inspirations les chemins de l'âme que le scepticisme et l'impiété avaient fermés depuis si longtemps. Le sanctuaire est rendu aux fidèles. Le dieu a été dévoilé. Là se sont retrouvés la harpe des prophètes et le luth des troubadours ; là se sont retrouvés, couverts d'une antique et vénérable poussière, les étendards de nos preux, suspendus aux voûtes immenses ; là enfin, l'épée et le bouclier des croisés. Ce temple qu'on a sondé, contenait de si magnifiques trésors, que le vulgaire en a été étonné. C'est ainsi que l'homme, dans l'oubli de soi-même, s'est souvenu, au pied des autels, de la religion et de la liberté.

« La littérature classique est malade depuis longtemps : elle l'est parce que tout finit dans ce monde, elle l'est parce qu'ayant atteint l'apogée de la vie intellectuelle, il ne lui restait plus qu'à descendre. » Qui a dit cela ? Un romantique ? Non, un classique, M. Hoffman. Le Classique est à sa fin, il est vrai ; mais je ne puis croire que ce soit pour avoir atteint l'apogée de la vie intellectuelle. Il n'a jamais été chez nous en meilleure santé, il me semble, que dans les premières années de son existence ; loin de grandir et de se fortifier, il n'a fait depuis qu'aller en déclinant et en s'affaiblissant, jusqu'à ce qu'enfin il soit tombé en défaillance complète. Il n'a donc point été étouffé sous les couronnes de lauriers : il est mort de décrépitude et en état d'imbécillité. C'est un astre qui n'a brillé qu'à son aurore ; il s'était levé dans un ciel qui n'était point le sien, qui ne lui appartenait point : il a langui, et s'est obscurci. Qu'on ne nous dise plus que cet astre avait fermé son cercle, et ne pouvait ainsi courir plus loin. L'usurpation du classique n'avait trompé les yeux que le premier jour par son éclat ; mais bientôt on reconnut la fraude : on n'osait pourtant se plaindre tout haut du joug, parce que c'était une puissance ; maintenant cette étrangère cède le trône à l'enfant nourri par Dieu lui-même dans le sanctuaire, et cet enfant, de naissance royale, dont nos aïeux ont connu les aïeux, croît chaque jour en sagesse et en prodiges.

Ce qui s'est rencontré dans la littérature des modernes s'était déjà montré dans celle des anciens. On n'est jamais allé plus loin que le premier essai. Ne nous arrêtons qu'à l'épopée proprement dite. L'*Enéide* égale-t-elle l'*Iliade ?* La *Henriade,* ou *Philippe-Auguste,* vaut-il la *Jérusalem délivrée,* bien que cette dernière œuvre ait été taillée d'après les anciens? Quels en sont les motifs ?

Quand Homère chantait ses vers, la pensée toujours héroïque des hommes ne se manifestait que par des actions : ces pensées une fois efféminées et rabaissées par la civilisation, elles ne s'exprimèrent plus que par des paroles. Homère avait peint des hommes qu'il avait vus semblables à des dieux, et les avait bien peints. Virgile vit des hommes qui ressemblaient à des hommes comme des dieux, et Virgile les peignit mal. Homère eut le génie de l'époque qu'il connut.

Virgile voulut avoir le génie d'un temps qu'il ne connut point, voilà toute la différence. Ce qu'Homère pouvait *naturellement*, Virgile ne le pouvait plus *naturellement*, ou ne le pouvait plus de la même manière qu'Homère. Les temps primitifs étaient pleins de faits, avons-nous dit, et les temps civilisés sont pleins de paroles. Venons au but : l'épopée de la barbarie doit être lyrique, parce qu'elle célèbre des combats ; l'épopée de la civilisation doit être dramatique, parce qu'elle peint des sociétés. Et, ajouterons-nous, si l'épopée lyrique doit être en vers, l'épopée dramatique doit être en prose. A tout cela on jettera les hauts cris ; mais l'auteur n'en démordra pas, et tient d'autant plus à ses idées qu'elles lui appartiennent. Faites, on vous le permet, messieurs les classiques, des épopées à la façon d'Homère, de Virgile, du Tasse, voire même de Voltaire, et vous échouerez. Des exemples éclatants prouvent tous les jours ce que j'avance.

Les modernes que le Classique conduisait à la lisière ont fait des épopées comme on calque un beau dessin dont chacun veut garder une copie, et c'est à qui aura la meilleure copie : chaque peuple eut donc sa copie plus ou moins fidèle, son épopée plus ou moins classique. De là cette quantité d'épopées banales, qui se se ressemblent toutes entre elles à peu de chose près, enfants d'une même famille.

Tandis que les classiques s'exténuaient à reproduire

ou à travailler en sous-œuvre, des écrivains jetaient dans de nouveaux moules ces poëmes que nous appellerons des épopées de transition. Ainsi le Dante créa sa *Divine Comédie*; l'Arioste, son *Roland furieux*; Milton, son *Paradis perdu*; et dans ces derniers temps, Chateaubriand, ses *Martyrs*, qui n'appartiennent à l'école des classiques que, pour ainsi dire, par des réminiscences. Le dernier de ces poëmes est la borne qui partage le passé éteint des classiques de l'avenir rayonnant des romantiques. Il a fallu ces quatre grands ouvrages, modifications avérées des épopées antiques, pour nous accoutumer à l'idée d'une épopée toute dramatique, toute à la moderne. Mais cette épopée de la civilisation, quand naîtra-t-elle ?

Ces germes une fois semés, au soleil, au temps, au génie de leur donner la vie ! Déjà un écrivain qui ne voulait faire qu'un roman, a fait une épopée admirable, sans s'en douter. Walter Scott est aussi prodigieux qu'Homère, en ce qu'il est autant créateur que lui. Il n'est aucun de nos lecteurs qui ne connaisse *Ivanhoë*, qui n'en ait admiré les formes heureuses jusques à la perfection. Cette œuvre est en prose : le vers, au lieu de lui donner de l'éclat, l'eût ternie. Nous avons avancé plus haut que l'épopée dramatique devait parler avec la prose, comme l'épopée lyrique chanter avec le vers. Ce qui est pour être dit ne doit point être chanté, et *vice versâ*. Ceci est trivial à force d'être vrai.

Il nous est tombé entre les mains une de ces épopées *banales* que nous avons indiquées : *Pélage, ou Léon et les Asturies sauvés du joug des Mahométans.* C'est encore un héros, *sage, pieux, un guerrier non moins habile que prudent et brave*: c'est Enée. C'est un chrétien qui chasse les infidèles, et qui fonde un royaume : c'est Godefroy de Bouillon. L'analyse de cet ouvrage suffira pour manifester l'esprit imitateur qui a présidé à son exécution. Au premier livre, Pélage blessé grièvement à la bataille de Septimanca, se réfugie chez un ancien gouverneur d'Asturica, Evoric, à qui il *raconte ses aventures,* comme Enée raconta les siennes à la reine de Carthage ; au second et au troisième, le prince rejoint aux pieds des Asturies les débris de l'armée en déroute, et les conduit contre celle de Muza et de Tarif, campée autour de Léon dont ils se sont rendus maîtres. Le héros est vainqueur dans deux batailles. Au quatrième livre, *descente de Mahomet aux enfers, pour y chercher des secours;* car bien qu'il eût quitté la forme humaine, le faux prophète dirigeait encore ses sectateurs et leurs armées. *Satan convoque une assemblée générale, et donne à Mahomet l'Envie et la Discorde. La description des différents corps de l'armée de Muza, de leurs armures, l'histoire de leurs chefs,* et une troisième victoire remportée par Pélage, occupent le cinquième livre. Au sixième et septième, conversion d'une princesse africaine, et martyre de la fille de Julien. Au huitième, *l'Envie et la Discorde se glissent dans l'assemblée des chefs chrétiens, et y jettent le désordre.* Au neuvième, défaite de l'armée chrétienne; au dixième, continuation de la défaite de l'armée chrétienne. *Pélage, absent du camp, rend à ses soldats et le courage et la victoire,* au onzième livre, *et le génie protecteur de l'Espagne lui présente le tableau de sa postérité.* Au douzième livre enfin, le héros du poëme *s'empare de Léon et reste maître des Asturies.* De quelle épithète qualifier un pareil *imbroglio?* L'auteur dans sa préface déclare qu'il est classique : vraiment, ne s'en serait-on point douté?

De quelque sévérité que la critique soit obligée de s'armer au besoin, il est pénible pourtant d'avoir à gourmander qui réclame votre indulgence; bien plus, comment ne nous intéresserions-nous pas à l'auteur qui nous apprend que c'est dans les fers qu'il a conçu et écrit son ouvrage? « J'avais vingt ans, dit-il dans sa préface, et je parcourais avec les troupes françaises la province d'Astorga et de Léon, où j'ai placé la scène de cet ouvrage, quand j'en formai le plan, en lisant l'histoire d'Espagne. Le premier livre fut improvisé sur le tronc d'un chêne, dans le parc de Benaventé, en 1811. Fait prisonner à Ciudad Rodrigo, je perdis mes manuscrits. Je recommençai *Pélage* en Angleterre, et je l'y achevai pendant les tristes loisirs d'une captivité de plus de deux ans. Je ne pensais pas alors à le publier jamais : nous perdions l'espoir de revoir cette chère France, et pouvait-on composer un ouvrage de ce genre pour un pays dont le gouvernement cherchait, dans les auteurs classiques mêmes, pour la faire supprimer, la phrase qui pouvait blesser un conquérant, un tyran, ou rappeler une pensée généreuse? Ces considérations aussi détournaient de prendre un sujet national; d'ailleurs, la jeunesse surtout n'avait plus de patrie. » Après cet aveu qui prévient de notre part toute censure ultérieure, nous n'avons plus qu'à citer : c'est justice, si ce n'est éloge. Voici la description du plateau de Covafiel. (Liv. IX, p. 313.)

« Le vallon s'élève en ces lieux par une pente très-rapide, et bientôt ce n'est plus qu'une gorge profonde, sauvage, et de plus en plus rétrécie par deux monts, entre lesquels l'Esla roule ses eaux de cascade en cascade. Elle est fermée par un rocher, dont la base sortant du sein de la terre, remplit l'espace que deux traits pourraient franchir. Ce rempart naturel, couronné de pointes de rocs et des troncs de quelques arbustes, de chaque côté s'unit aux crêtes escarpées qui l'environnent, et qu'il domine encore. D'une espèce de fente ouverte transversalement au milieu, l'Esla s'élance en nappe brillante, et fait jaillir une pluie perpétuelle, que les rayons du soleil animent de l'éclat de l'arc-en-ciel; le voyageur au loin s'arrête au bruit de cette cascade. Au-dessus du rocher, on voit l'ouverture d'une caverne profonde, dont la voûte garnie de stalactites et de cristaux, semble parsemée de brillants. Derrière la grotte s'étend un vaste plateau, d'où l'on domine les vallons d'alentour, et au-deçà, des roches entassées, des abîmes dont l'œil n'ose sonder la profondeur, défendent l'entrée de cet asile. Deux larges crevasses formées sur les côtés en sont les seules avenues, et les sommets les plus élevés des Asturies semblent s'appuyer sur cette plaine. De nos jours encore, les fidèles accourent des rivages les plus éloignés pour visiter ce plateau de Covafiel, où combattirent les restes de la vieille Espagne, les fondateurs de la nouvelle patrie! Une chapelle décorée de trophées d'armures antiques retentit des chants religieux des descendants des héros. » Cette vue a été ébauchée d'après nature. Le fragment suivant, tiré du IVe livre, caractérise la manière de l'auteur, c'est-à-dire accuse son défaut de propriété dans l'expression, en même temps que son défaut d'originalité dans la pensée. Il s'agit de décrire les enfers.

« Les enfers ne sont point placés sur les bords souterrains du Styx et de l'Achéron fabuleux. Leur entrée ne se trouve point dans les grottes infectes de l'Averne, ni dans le cratère de ces montagnes qui vomissent sur les campagnes tremblantes des fleuves de feux, des nuages de cendres et de fumée. Il sont par-delà tous ces astres que la nuit et un ciel sereins découvrent à nos regards, perdus dans un vide immense, ténébreux, privés de l'influence divine. C'est la place abandonnée par celui qui forma l'univers, c'est l'image subsistante de ce que fut le monde et de ce qu'il pourrait devenir encore ; c'est le réduit laissé à l'antique chaos, non le contemporain de Dieu, qui n'est point soumis au temps, mais sa première ébauche. Là, il n'est plus de lois pour la matière, ni de sympathie entre les éléments ; là, il n'est plus de vie que la vie du crime et du malheur ; plus de règles, plus de périodes de repos, et surtout plus d'espoir. Les airs, si l'on peut appeler ainsi des vapeurs grossières, empoisonnées, sortant avec mugissement des corps qui se décomposent, enveloppent ces lieux d'une tempête éternelle, près de laquelle ne serait rien le fracas de nos plus grands orages. Ce monde n'est éclairé que par les flammes qui çà et là effleurent des lacs bouillonnants, ou sortent des crevasses de ses îles éphémères, et par la foudre qui sillonne les nuages, voile ténébreux qui empêche de découvrir les astres les plus rapprochés de ce point malheureux de l'immensité. Seulement de siècle en siècle, une comète, globe usé, condamné peut-être, embrasé jusqu'aux racines de ses montagnes, après avoir longtemps épouvanté les sphères qui ont vu ses lugubres funérailles, viendra précipiter ses débris dans cet égout de l'univers.

» Satan régnait toujours dans les enfers ; car tant est grand l'attrait de la supériorité, qu'on ambitionne même l'empire du malheur ! Ce n'est pas que plus d'une révolution n'ait changé les dominations infernales : la concorde ne peut exister entre les méchants, et comment obéirait-il à son semblable, qui n'a pas obéi à son Dieu ? Plus d'un de ces potentats qui partageaient dans le ciel le commandement de la révolte, insultés par d'amers reproches, ont été dépouillés de leurs anciens droits par une génération plus perverse, qui ayant reçu l'être de leurs alliances impures, n'a jamais connu la vérité et les délices du ciel. Mais Satan, et Satan seul, s'était maintenu contre les fatigues et les dégoûts de l'autorité, et contre les complots, plus puissant de lui-même, plus éclairé, plus hardi, plus ferme en ses desseins, et surtout plus ambitieux qu'aucun des anges rebelles ; d'ailleurs conservant encore en sa personne et dans le souvenir de ses vassaux, des masques distinctives du premier des archanges.

» Satan cependant avait perdu de son ancienne audace, depuis que l'Homme-Dieu avait éclairé le monde : la religion sainte se répandant rapidement sur la terre, y ébranlait sa domination. Les obstacles qu'il prévoyait, occupaient sa pensée, et comme pour proposer de nouveaux projets ou demander de nouveaux efforts, il réunissait alors même ses compagnons d'infortune sur une plage solide que le chaos leur cédait pour quelques instants ; assemblée imposante, que depuis plus de deux siècles, n'avaient point vue les enfers ! — Leur amphithéâtre était une chaîne de noires montagnes dont la base s'inclinait sur une mer de bitume enflammé. Assis au milieu sur un rocher, Satan appuyait son noir bouclier au pied de ces monts dont sa tête surpassait la cime. En sa main droite il portait la foudre que l'on a injustement donnée à un Dieu de miséricorde, à un Dieu qui de la moindre impulsion peut anéantir et la foudre et les armées impies des anges rebelles et l'univers entier. A la gauche de Satan étaient rangées, en diverses tribus, les fausses divinités qu'ont adorées les peuples. A sa droite se plaçaient, suivant leurs rangs, les passions attachées à la perte de notre âme immortelle. Aux pieds du roi des enfers étaient tous les fléaux, et au milieu, la Mort. »

N'est-ce point, dites-moi, une parodie du *Paradis perdu*, du *Télémaque*, ou des *Martyrs?* Telle lecture n'a point seulement le malheur d'être fastidieuse, mais encore de mettre notre goût en danger. *Ab uno disce omnes*. Quand donc brûlerons-nous ces oripeaux grecs et romains? Quand donc brûlerons-nous ces *héros* de paille du camp des classiques? J'en jure par mon âme, de leurs cendres le Phénix ne s'envolera point!

FIN DE L'APPENDICE

TABLE

Introduction.   1

GASPARD DE LA NUIT

Préface.   21
A M. Victor Hugo.   23

LES FANTAISIES DE GASPARD DE LA NUIT

ÉCOLE FLAMANDE

Harlem.   29
Le Maçon.   31
L'Ecolier de Leyde.   33
La Barbe pointue.   35
Le Marchand de Tulipes.   37
Les cinq Doigts de la Main.   39
La Viole de Gamba.   41
L'Alchimiste.   43
Départ pour le Sabbat.   45

LE VIEUX PARIS

Les deux Juifs. 51
Les Gueux de Nuit. 53
Le Falot. 55
La Tour de Nesle. 57
Le Raffiné. 59
L'Office du Soir. 61
La Sérénade. 63
Messire Jean. 65
La Messe de Minuit. 67
Le Bibliophile. 69

LA NUIT ET SES PRESTIGES

La Chambre gothique. 75
Scarbo. 77
Le Fou. 79
Le Nain. 81
Le Clair de Lune. 83
La Ronde sous la Cloche. 85
Un Rêve. 87
Mon Bisaïeul. 89
Ondine. 91
La Salamandre. 93
L'Heure du Sabbat. 95

LES CHRONIQUES

Maître Ogier (1407). 101
La Poterne du Louvre. 103
Les Flamands. 107
La Chasse (1412). 109
Les Reîtres. 111
Les Grandes Compagnies (1364). 115
Les Lépreux. 121
A un Bibliophile. 123

ESPAGNE ET ITALIE

La Cellule.	129
Les Muletiers.	131
Le Marquis d'Aroca.	135
Henriquez.	137
L'Alerte.	139
Padre Pugnaccio.	141
La Chanson du Masque.	143

SILVES

Ma Chaumière.	149
Jean des Tilles.	151
Octobre.	153
Sur les Rochers de Chèvremorte.	155
Encore un Printemps.	157
Le deuxième Homme.	159
A M. Sainte-Beuve.	165

PIÈCES DÉTACHÉES

Le bel Alcade.	169
L'Ange et la Fée.	171
La Pluie.	173
Les deux Anges.	175
Le Soir sur l'Eau.	177
Madame de Montbazon.	179
L'Air magique de Jehan de Vitteaux.	181
La Nuit d'après une Bataille.	183
La Citadelle de Wolgast.	185
Le Cheval mort.	187
Le Gibet.	189
Scarbo.	191
A M. David, statuaire.	193

APPENDICE

POÉSIES

Pélerinage à Notre-Dame-de-l'Étang.	199
La Nourrice.	201
Regrets.	203
Joch d'Hazeldean.	205
Le Tombeau d'Edwin.	209
A la Lune.	211
La Jeune Fille.	213
La Chanson du Pélerin.	215
Dijon.	219
Sonnet.	221

VARIÉTÉS

Jacques-les-Andelys.	225
L'Étable de Saint-Jean.	233
Le Coin du Feu.	243
La Foire de Beaucaire en 1771.	249

CRITIQUE

Pélage, ou Léon et les Asturies sauvés du joug des Mahométans.	261

ERRATUM

Note de la page xviii. — M. Milsand, désigné comme bibliothécaire de la ville de Dijon, n'en est que le bibliothécaire-adjoint. Le bibliothécaire en chef est M. Guignard.

Note de la page xx. — Nous avons été induit en erreur en disant que les princes de Condé possédaient un château à Dijon. Ils n'y ont jamais eu que ce parc dessiné par Le Nôtre, qui est devenu la promenade de la ville.

COLLECTION
DE
CURIOSITÉS ROMANTIQUES

CHOIX D'OUVRAGES
SINGULIERS ET RARES DE LA PÉRIODE DE 1830 A 1840
POÉSIES — ROMANS — FANTAISIES

PUBLIÉS SOUS LA DIRECTION DE

M. CHARLES ASSELINEAU

AVEC EAUX-FORTES FRONTISPICES DE

M. FÉLICIEN ROPS

—

Il n'y a plus de nécessité aujourd'hui à discuter la légitimité et la grandeur du mouvement Romantique. Comme l'a dit un critique, la Littérature Romantique est, quoi qu'on fasse, la littérature du xixe siècle; elle ne peut répudier cette étiquette, sans répudier du même coup sa force et son éclat. C'est à cette école bafouée pendant dix ans d'une réaction impudente, que le siècle doit sa splendeur littéraire, ses maîtres et ses chefs-d'œuvre.

Cette réaction, au surplus, est actuellement battue à son tour. Les esprits intelligents et vraiment lettrés se sont retournés vers ces pionniers de la première heure, et vers ces œuvres du second rang qui dans toute littérature font le commentaire des grandes œuvres, et qui éclairent la route.

C'est un choix de ces ouvrages de l'âge héroïque du Romantisme, devenus par leur rareté et par le prix élevé qu'ils atteignent depuis quelques années sur les catalogues, hors de la portée du plus grand nombre de lecteurs, que nous entreprenons de rendre au public, en les exposant avec confiance à la comparaison avec les ouvrages les plus vantés du temps présent. On l'a dit : « C'est souvent par ce qu'elle a laissé se perdre dans l'oubli qu'on peut juger de la force d'une génération littéraire, et c'est peut-être par la valeur des œuvres du second rang qu'une littérature atteste sa puissance et sa fécondité. » Ces talents du second ordre, ces satellites offusqués par la gloire des chefs ont, en tout cas, leur intérêt.

Parmi ces ouvrages si variés, poésies, romans, voyages, fantaisies, nous avons dû nécessairement limiter notre choix. Nous pouvons donc annoncer que la collection ne dépassera pas dix volumes. Le premier, le *Gaspard de la Nuit* d'Aloysius Bertrand, augmenté par des recherches dans les journaux de l'époque, et précédé d'une notice nouvelle par M. Charles Asselineau, l'auteur des *Mélanges tirés d'une petite Bibliothèque romantique*, vient de paraître.

Nous indiquerons comme devant suivre à court délai, les œuvres les plus remarquables de Petrus Borel, de Régnier-Destourbet; Fontanay (lord Feeling), auteur des *Scènes de la Vie castillane*, Théophile de Ferrière (Samuel Bach); Arvers; etc., etc.; la collection se complétera par deux volumes de *Mélanges* d'auteurs différents.

www.ingramcontent.com/pod-product-compliance
Lightning Source LLC
Chambersburg PA
CBHW071519160426
43196CB00010B/1577